大人の「ローマ散歩」

ROMA

内野正樹——著

大和書房

はじめに

"花の都"とも称されるパリ。
"19世紀の首都"と呼ばれることもあります。
"20世紀の首都"ならニューヨークになるでしょうか。
では、"永遠の都"という呼称がふさわしい都市は?

―――

それはパリでもニューヨークでもなく、
ローマなのではないでしょうか。
ただ、"永遠"と言っても、現在のローマでは、
ローマ帝国時代の面影は、フォロ・ロマーノや
コロッセオなどの遺跡に探しに行かなければなりません。
そして、現代都市の中で、"永遠"を誇れるほどの
突出した活気をもっているわけでもありません。

―――

しかし、欧米の文化の淵源としてのローマが存在します。

―――

古代ローマは、現在のわれわれの社会や政治のさまざまな制度、
そしてヨーロッパという枠組みなどの原型となるばかりでなく、
人間の思考や行動のパターンのようなものさえも
提供しているのではないかと思えるのです。

―――

さらにはそうしたものたちの生成期を鮮やかに彩る
数々の英雄や偉人たちの活躍があります。

―――

そういったものの総体が古代の遺跡ばかりでなく、
ローマという街全体に"永遠"というにふさわしい
オーラのようなものをまとわせていると
言えるのではないでしょうか。

―――

付け加えるまでもないかもしれませんが、
ルネサンスからバロック期にかけて再度ローマが放った輝きも、
この"永遠の都"をさらに魅力豊かなものにしています。

この本では、ローマを訪れた際には見ておきたい場所を
100カ所ピックアップしました。
皇帝ネロがつくったドムス・アウレア(黄金宮殿)は閉鎖中のため、
残念ながら取り上げることはできませんでしたが、
中心地区については必見の場所はほぼ網羅しているので、
"永遠の都"ローマのもつ魅力とその奥深さに
触れるきっかけになるのではないかと思います。

———

実際にローマを訪れる際にはいくつか注意点があります。
1週間ほどの日程でも、この本で取り上げた場所を
すべて訪れるのは難しいので、
まずは優先順位を立てて見落とせない場所を
決めておきましょう。

———

教会を見学する際には、静粛につとめる必要がありますが、
教会はお昼少し前から夕方近くまで閉まっていることがあります。
また、曜日により見学可能な時間帯が異なる場合も多いので、
美術館も含め、オープンの日時をインターネットなどで調べた上で
スケジュールを組んでおくと見落としも少なくなります。

———

中心地での主な移動手段は徒歩になりますが、
道路の凹凸が激しい場所があるので
靴は他都市よりもさらに歩きやすいものが必須です。

———

準備ができればあとは"永遠の都"を堪能するばかりです。
本書を片手にぜひ、
あなたならではの「ローマ散歩」を
じっくりと味わい、楽しんでください！

Introduction
[はじめに]

P.002

Contents
[目次]

P.004

Column
[コラム]

古代ローマとその建築❶
P.027

古代ローマとその建築❷
P.048

スタンダールのイタリア、そしてローマ
P.102

ローマへ、愛を込めて
──映画の中のローマ
P.129

Glossary
[用語解説]

P.157

Index
[索引]

P.158

CHAPTER.1
[第1章｜フォロ・ロマーノとパラティーノの丘]

Ⓜ	エリアマップ	P.008
1	フォロ・ロマーノ	P.010
2	パラティーノの丘	P.023
3	コンスタンティヌスの凱旋門	P.026

CHAPTER.2
[第2章｜3つの丘とその周辺]

Ⓜ	エリアマップ	P.030
4	トラヤヌスの市場	P.032
5	トラヤヌスの記念柱	P.033
6	カエサルのフォロ	P.033
7	アウグストゥスのフォロ	P.034
8	ヴィットリオ・エマヌエーレ2世記念堂	P.035
9	カンピドリオ広場	P.036
10	サンタ・マリア・イン・アラチェリ聖堂	P.038
11	サン・ピエトロ・イン・ヴィンコリ聖堂	P.039
12	サン・ジョルジョ・イン・ヴェラブロ聖堂	P.039
13	トレヴィの泉	P.040
14	サンタ・マリア・イン・ヴィア聖堂	P.041
15	サンティ・ヴィチェンツォ・エ・アナスターシオ聖堂	P.041
16	サン・カルロ・アッレ・クアットロ・フォンターネ聖堂	P.042
17	サンタンドレア・アル・クィリナーレ聖堂	P.044
18	テルミニ駅	P.045
19	サンタ・マリア・マッジョーレ大聖堂	P.046
20	サンタ・プラッセーデ聖堂	P.047

CHAPTER.3
[第3章｜カンポ・マルツィオ]

Ⓜ	エリアマップ	P.050
21	イル・ジェズ聖堂	P.052
22	サンティニャーツィオ聖堂	P.054
23	パンテオン	P.056
24	サンタ・マリア・ソプラ・ミネルヴァ聖堂	P.059
25	ハドリアヌス神殿跡	P.059
26	サンタゴスティーノ聖堂	P.060
27	コロンナ広場	P.061
28	モンテチトーリオ宮	P.061
29	アルテンプス宮	P.062
30	サン・ルイージ・デイ・フランチェージ聖堂	P.063
31	サンティーヴォ・アッラ・サピエンツァ聖堂	P.063
32	サンタ・マリア・デッラ・パーチェ聖堂	P.064
33	マッシモ・アッレ・コロンネ宮	P.065
34	ナヴォーナ広場	P.066
35	カンチェッレリア宮	P.068
36	サン・フィリッポ・ネリのオラトリオ	P.068
37	アレア・サクラ	P.069
38	サンタンドレア・デッラ・ヴァッレ聖堂	P.069
39	ヴェネツィア宮殿	P.070
40	ドーリア・パンフィーリ宮	P.070

CHAPTER.4
[第4章｜ボルゲーゼ公園とその周辺]

- Ⓜ エリアマップ　P.072
- 41｜サンタ・マリア・デッリ・アンジェリ聖堂　P.074
- 42｜共和国広場　P.075
- 43｜ディオクレティアヌスの浴場跡　P.075
- 44｜ピア門　P.076
- 45｜モーゼの噴水　P.077
- 46｜サンタ・スザンナ聖堂　P.077
- 47｜サンタ・マリア・デッラ・ヴィットリア聖堂　P.078
- 48｜バルベリーニ宮　P.079
- 49｜バルベリーニ広場　P.079
- 50｜カプチン派修道会博物館　P.080
- 51｜サンタンドレア・デッレ・フラッテ聖堂　P.080
- 52｜ツッカリ自邸　P.081
- 53｜プロパガンダ・フィーデ伝道博物館　P.081
- 54｜ボルゲーゼ公園　P.082
- 55｜国立近代美術館　P.083
- 56｜ヴィラ・ジュリア　P.084
- 57｜サンタ・マリア・デル・ポポロ聖堂　P.086
- 58｜ピンチョの丘　P.087
- 59｜ポポロ広場　P.087
- 60｜スペイン広場　P.088
- 61｜ミンニャネッリ広場　P.089
- 62｜アウグストゥス帝の廟　P.089
- 63｜アラ・パチス　P.090

CHAPTER.5
[第5章｜ヴァチカンとその周辺]

- Ⓜ エリアマップ　P.092
- 64｜サン・ピエトロ大聖堂　P.094
- 65｜ヴァチカン美術館　P.100
- 66｜サンタンジェロ城　P.101
- 67｜最高裁判所　P.101

CHAPTER.6
[第6章｜トラステヴェレとその周辺]

- Ⓜ エリアマップ　P.104
- 68｜サン・ピエトロ・イン・モントーリオ聖堂テンピエット　P.106
- 69｜パオラの泉　P.107
- 70｜ヴィラ・ファルネジーナ　P.107
- 71｜サンタ・マリア・イン・トラステヴェレ聖堂　P.108
- 72｜サン・フランチェスコ・ダッシージ・ア・リーパ聖堂　P.109
- 73｜サンタ・サビーナ聖堂　P.109
- 74｜サンタ・チェチーリア・イン・トラステヴェレ聖堂　P.110
- 75｜サンタ・マリア・イン・コスメディン聖堂　P.111
- 76｜ヘラクレスの神殿　P.111
- 77｜マルケルス劇場　P.112
- 78｜サンタ・マリア・イン・カンピテッリ聖堂　P.113
- 79｜ポルトゥヌスの神殿　P.113
- 80｜スパーダ宮　P.114
- 81｜ファルネーゼ宮　P.114

CHAPTER.7
[第7章｜コロッセオ、カラカッラ浴場ほか]

- Ⓜ エリアマップ　P.116
- 82｜コロッセオ　P.118
- 83｜サンティ・クアットロ・コロナーティ聖堂　P.120
- 84｜サン・クレメンテ聖堂　P.121
- 85｜スカラ・サンタ　P.121
- 86｜サン・ジョヴァンニ・イン・ラテラーノ大聖堂　P.122
- 87｜カラカッラ浴場　P.124
- 88｜サン・ロレンツォ・フォーリ・レ・ムーラ聖堂　P.126
- 89｜サンタ・クローチェ・イン・ジェルザレンメ聖堂　P.128

CHAPTER.8
[第8章｜ローマ郊外]

- Ⓜ エリアマップ　P.132
- 90｜EURの会議場　P.134
- 91｜イタリア文明宮　P.135
- 92｜サン・パオロ・フオーリ・レ・ムーラ大聖堂　P.136
- 93｜サンタ・コスタンツァ聖堂　P.138
- 94｜サンタニェーゼ・フオーリ・レ・ムーラ聖堂　P.139
- 95｜サン・セバスティアーノ聖堂　P.139
- 96｜国立21世紀美術館　P.140
- 97｜パラッツェット・デッロ・スポルト　P.141
- 98｜オーディトリウム・パルコ・デッラ・ムジカ　P.142

CHAPTER.9
[第9章｜ティヴォリ]

- Ⓜ エリアマップ　P.144
- 99｜ヴィラ・アドリアーナ　P.145
- 100｜ヴィラ・デステ　P.153

CHAPTER.1
第 1 章｜フォロ・ロマーノとパラティーノの丘
Foro Romano, Palatino

ローマの歴史を扱った本で
まず最初に挙げられる地名のひとつがパラティーノの丘だ。
ロムルスの建国伝説にちなんでだが、
この丘の北側に位置するのがフォロ・ロマーノである。
かたや、皇帝たちの住居を提供した場所であり、
かたや古代ローマ世界の中心地だった場所だ。
ともに、見学には入場料が必要で、
決められた場所からしか入ることができない（この２カ所の行き来は自由）。
東側に２カ所、北側に１カ所、切符売り場併設の出入口がある。
フォロ・ロマーノを一望するには
パラティーノの丘の北端に位置するファルネジアーニ庭園が最適だが、
出口のある北端部分、あるいはカピトリーノの丘からは
入場しなくてもある程度まで見渡すことができる。

P.010　フォロ・ロマーノ｜Foro Romano
P.023　パラティーノの丘｜Palatino
P.026　コンスタンティヌスの凱旋門｜Arco di Costantino

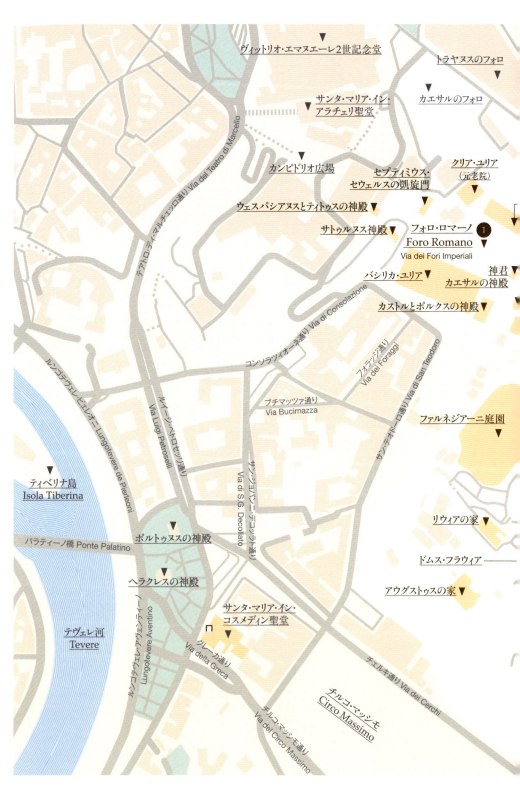

Foro Romano

フォロ・ロマーノ

セプティミウス・セウェルスの凱旋門。

西側でカピトリーノの丘、南側ではパラティーノの丘に接し、東側にはコロッセオが立つ東西に細長いエリアで、北側にはフォーリ・インペリアーリ（アウグストゥスら皇帝たちのフォロ）が並ぶ。共和政から帝政の時代にかけて、ローマの政治、経済、宗教の中枢であり、ローマが"世界の首都（カプトゥ・ムンディ）"とみなされた古代には世界の中心といってもいい場所であった。

テヴェレ河の増水によってしばしば水没する湿地帯だったが、前7世紀末から前6世紀頭頃にかけて排水設備が整備されると公共建築物や神殿、記念建造物が建つようになり、やがてそれらでひしめく状態となる。

手狭になったこのエリアの再編を計画したのがユリウス・カエサル（ジュリアス・シーザー）で、元老院による集団支配体制からの脱却へと舵を切っていたカエサルはクリア（元老院議事堂）とロストラ（演壇）の位置の変更も行っている。カエサルの暗殺後、計画を受け継いだのが、初代皇帝のアウグストゥスだった。

かつて"世界の首都（カプトゥ・ムンディ）"の中心だった場所

1/100

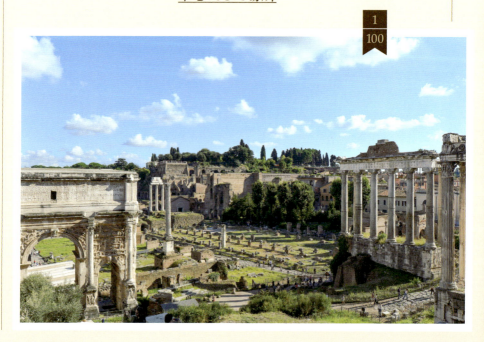

西側より見る。左がセプティミウス・セウェルスの凱旋門で、右がサトゥルヌス神殿。中央を走るのがウィア・サクラ（聖なる道）。

左から、ウェスパシアヌスとティトゥスの神殿、セプティミウス・セウェルスの凱旋門、サトゥルヌス神殿。

フォロ・ロマーノの主な遺跡
[西から順に]

ウェスパシアヌスとティトゥスの神殿
ドミティアヌス帝(在位81-96)の父と兄を祀る神殿でドミティアヌスが完成させた。現在は3本のコリント式円柱が残る。

―

サトゥルヌス神殿
高い基壇の上に8本のイオニア式円柱が残るこの神殿は前5世紀の創建で、再建の後火災に遭い3世紀に再度建て直されている。公共の宝物庫として使われた。

―

セプティミウス・セウェルスの凱旋門
セプティミウス・セウェルス帝(在位193-211)のパルティアとの戦争の勝利を記念して建設され、203年に完成。

―

ロストラ(演壇)
中央広場に集まった市民に対して演説者がここから語りかけた。

―

バシリカ・ユリア
火災で消失したバシリカの跡につくられ、主に行政と司法の用途に使われた。ユリウス・カエサルが着工し、アウグストゥス帝が完成させた。ユリアはユリウス・カエサルの名から取られている。

クリア・ユリア
クリアは元老院議事堂のこと。これもユリウス・カエサルが着工し、アウグストゥスが前29年に完成させた。カエサルは先代のクリア・コルネリアとは別の位置に建て、ロストラとの位置関係も変更している。現在の建物は3世紀末の火災の後に改築されたもの。

―

フォカスの記念柱
東ローマ帝国のフォカス帝(在位602-610)によって、西ローマ帝国滅亡後の7世紀初頭に建設された。

ウィア・サクラから、正面にセプティミウス・セウェルスの凱旋門を見る。この凱旋門の手前(南側)にロストラ(演壇)があった。

右がクリア・ユリア。

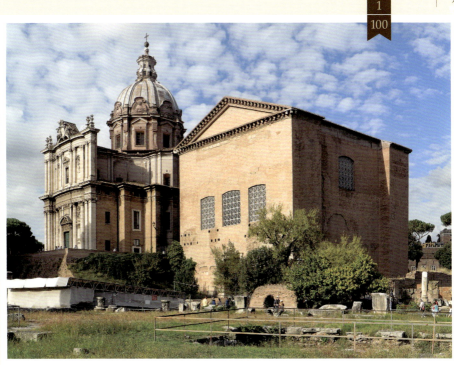

1/100

バシリカ・アエミリア
前2世紀に建てられたバシリカ。修復・改築が繰り返されたこの建物の正面にはタベルナエ（商店）が並んでいた。

カストルとポルクスの神殿
前6年にアウグストゥス帝が着工し、次のティベリウス帝が6年に完成させた。中には度量衡を監督する役所があったという。

神君カエサルの神殿
アウグストゥス帝が前29年に建てた神殿。神格化されたユリウス・カエサルを祀った。

ウェスタ神殿
巫女たちが「聖なる火」を守っていた神殿で、現遺構は、205年に建てられたもの。巫女は純潔厳守で、違犯した場合は生き埋めの刑に処された。彼女たちの住居はこの南側にあった。

アントニヌスとファウスティーナの神殿
アントニヌス・ピウス（在位138－161）帝が、皇后ファウスティーナのために建てた神殿。この神殿跡に聖堂を建てた後に神殿を再建したため、2種の建物が複合した現在の状態となっている。

多くの人が歩いているのがフォロ・ロマーノのメインストリートだったヴィア・サクラ。その右に、バジリカ・ユリア、左には中央広場があった。広場のあった場所に立つ柱はフォカスの記念柱。

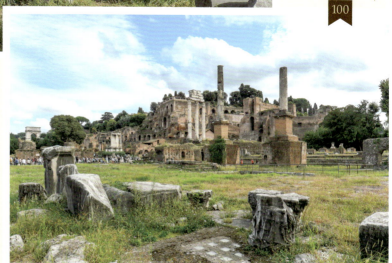

手前が中央広場のあった場所で、奥の高くなっている部分がパラティーノの丘。

フォロの西端近くまでウィア・サクラが延びる。正面のカピトリーヌの丘に接して立つのがタブラリウム（公文書館）で、手前の3本の円柱はカストルとポルクス神殿のもの。

ウェスタ神殿の巫女の家の彫像。

　西ローマ帝国が5世紀に滅びると、フォロ・ロマーノは忘れ去られて半ば土に埋もれ、中世には家畜の飼育場となる。ルネサンス期に入るとローマの古代遺跡は新築工事用の石切り場と化したが、フォロ・ロマーノも例外ではなかった。見かねたラファエッロが教皇に惨状を訴えたがその流れを止めることはできなかったという。現在目にする姿は19世紀から本格的に始められた発掘作業による。

手前がウェスタ神殿の巫女の家。その左斜め上に円形平面のウェスタ神殿、さらにその背後に神君カエサルの神殿がある。その右手の白い柱梁の残る建物はアントニヌスとファウスティーナの神殿。この神殿とクリアユリアの間にはバシリカ・アエミリアが立っていた。

1/100

019

パラティーノの丘から見る。中央を走るのがウィア・サクラで、右奥にコロッセオが見える。左の巨大な遺構はマクセンティウスのバシリカで、マクセンティウス帝が着工し、コンスタンティヌス帝が完成させた。現在残るのは北側の側廊の部分で、側廊の高さは25m、身廊の高さは35mあったといわれる。

マクセンティウスのバシリカの裾鷹に立つティトゥスの凱旋門。ドミティアヌス帝が先帝ティトゥスのエルサレム占領などでの戦功を記念して建てたもの

Palatino
パラティーノの丘

フォロ・ロマーノを見下ろす皇帝たちの宮殿跡

紀元前8世紀にはローマ建国の父、ロムルスが居を構えたと伝えられ、共和政の時代には、貴族や富裕な人々が住まう高級住宅地であった。

帝政の時代に入ると皇帝の宮殿が建つようになる。初代の皇帝アウグストゥスは自分の家の北側に妻、リウィアの家をつくり、また、家の隣にはアポロン神殿を建てた。この丘には他にもキュベレー、ウィクトリアなどの神殿があった。

2代皇帝ティベリウスがフォロ・ロマーノを見下ろす北側の部分にドムス・ティベリアーナをつくり、11代皇帝ドミティアヌス帝はドムス・フラウィアとドムス・アウグスターナによって、パラティーノの丘の半ば近くを覆った。

ドムス・アウグスターナは東側のスタディウム（競技場）あるいは馬場であったといわれる場所と西側のドムス・フラウィアにはさまれた皇帝の住まいで、ドムス・フラウィアは今でいう官邸のようなものであった。

16世紀にはドムス・ティベリアーナがあった場所にファルネジアーニ庭園がつくられた。世界で最初の植物園であったといわれる。

→P.009-02

2/100

フォロ・ロマーノからパラティーノの丘を見上げる。

スタディウム（競技場）あるいは馬場であったとされる場所。中央少し右寄りの大きな遺構には皇帝の桟敷があったとされる。

スタディウムの向こう側にはドムス・アウグスターナがあった。

チルコ・マッシモ側（南側）からパラティーノの丘を見る。

ドムス・フラウィアのペリスティリウムの噴水跡。

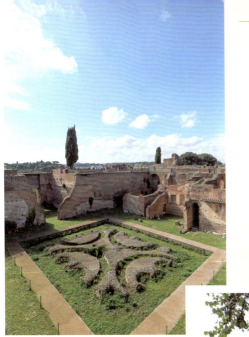

ドムス・アウグスターナの南側回廊の噴水跡。

左側奥にアウグストゥスの家、ロムルスの小屋（とされるもの）がある。

フォロ・ロマーノから見る。ドムス・ティベリアーナのあった場所には16世紀にファルネジアーニ庭園がつくられた。

ドムス・アウグスターナのペリスティリウム（列柱廊で囲まれた中庭）のあったあたり。

Arco di Costantino

コンスタンティヌスの凱旋門
315

コンスタンティヌス帝、勝利の記念モニュメント

コンスタンティヌスはディオクレティアヌスの引退後に、政敵たちを倒して皇帝となり4つに分裂していた帝国を再統一した人物。ディオクレティアヌスがキリスト教徒に対して過去最大の迫害を加えたのに対し、一転してキリスト教を公認した（313年のミラノの勅令）。再統一のためにキリスト教徒を自分の側に取り込むという政治的判断もあったといわれる。312年、ローマ北側のテヴェレ河にかかるミルウィウス橋の戦いで正帝マクセンティウスに勝利し（決戦前に夢か幻で十字架を見て、それを旗や盾に描いて戦ったといわれる）、西ローマ皇帝となるが、この凱旋門はその勝利を記念して元老院と市民から献ぜられたもの。

壁面を埋めるレリーフは、トラヤヌスのフォロのほか、ハドリアヌスやマルクス・アウレリウス関連のモニュメントなどから寄せ集められたものを加えてつくられた。大小3つのアーチとコリント式円柱を採用したオーダー（付柱ではないが、構造的な意味はない）、アティック（屋階）が織りなす全体のプロポーションが見事だ。

→P.009-03

コロッセオとフォロ・ロマーノの間に立つ。

Column

[コラム]
古代ローマとその建築 ❶

神話的起源

古い歴史をもつ国はどこでもそうだが、ローマもその起源に神話的なエピソードをもつ。ローマの建国はロムルスとレムスという双子の兄弟のうち、兄のロムルスによって前753年になされたとされているが、この兄弟の家系は神話時代にまでさかのぼる。アキレウスが活躍したトロイア戦争で、トロイア王の婿であったアエネアスは、落城したトロイアから逃れてテヴェレ河口に近い地にまでたどり着く。アエネアスは女神アフロディーテ（ローマ神話ではウェヌス）から生まれたとされ、兄弟はこのアエネアスの末裔だという。高度な文明を誇っていたトロイアとのつながりをもたせることで建国の祖であるロムルスの家系の由緒の正しさを示そうとしたと考えられる（ちなみに、兄弟の父は軍神マルスである）。

ロムルスとレムスは、牝狼に拾われた後、羊飼いに育てられる。ロムルスがパラティーノの丘を（丘にはロムルスの住居跡とされるものが今も残る）、レムスがアヴェンティーノの丘をそれぞれ所有したが、レムスが境界をまたいで侵入したためロムルスによって殺されたという。ロムルスの後、6代にわたり王政が続いたとされるが、ロムルス時代のエピソードとしてこんな話が残されている──周辺からの移住民が男に偏っていたため、ロムルスは一計を案じ、祭りに呼び寄せたサビニ人の中から若い女たちを選んで略奪した。サビニとローマの間で戦いが起こるが、この間に入ったのが略奪された当の女たちで、これにより和解し両者は統合されたのだという。花婿が花嫁を抱きかかえて新居の敷居をまたぐという習慣はこの略奪の故事にちなんだものとされる。

王政から共和政へ

王政時代の後半にはローマの北側一帯を支配していたエトルリアから当時最新の建築・土木技術がもたらされたことから、エトルリア人が王位についたともされる。前7世紀末から前6世紀の頭にかけての頃には、湿地帯であったフォロ・ロマーノに排水設備がつくられる。軍隊組織が整備されたのもこの頃といわれる。

王政が廃され前509年に共和政に移行すると、ローマは徐々にその領土を拡大していく。王にかわる役職が執政官（コンスル）で、元老院議員から選ばれた。共和政期のローマを支えたのは建国以来の名門一族の家長たちの集まりであったこの元老院で、一度は首都ローマにまで迫ったカルタゴのハンニバルを前202年のザマの戦いで破ったスキピオ・アフリカヌスも元老院議員であった。前2世紀頃になると、巨大化したローマにおいて貧富の差の拡大などさまざまな弊害が生まれ始め、グラックス兄弟が前2世紀後半に農地改革などを試みたが暗殺され、前2世紀末にはマリウスが軍制改革を行う。一時はマリウスの部下であったスッラは元老院の力の低下を危惧し、対立していた民衆派の一派を粛清してその復活・強化を図った。

牝狼の乳を飲むロムルスとレムス（カピトリーニ美術館蔵）。

ユリウス・カエサル

こうした混乱の時期に現れたのが、ユリウス・カエサル（ジュリアス・シーザー）である。ガリアでの戦功などによって頭角を現したカエサルは、巨大化したローマの運営は集団統治式の元老院では困難と考え改革を図ろうとするが、王政復活（独裁）を意図していると見たブルータスらによって前44年に暗殺される。カエサルが現在でも英雄視されるのは、その輝かしい軍功に加え、巨大なスケールでローマ帝国のグランドデザインを行い、現在のヨーロッパの基礎となる部分の多くを形づくったためである。カエサルはまた、フォロ・ロマーノを再編し、その北側にカエサルのフォロをつくっている。

帝政開始とパクス・ロマーナ

カエサルの養子となってその跡を継いだアウグストゥスは、カエサルのグランドデザインを着実に実現していく――表向きは元老院に権力を戻すと宣言しながら、（カエサルのように暗殺をされぬよう）巧妙に、用心深く、後年「皇帝」と称される最高統治者の立場に自らなった上で。軍才にめぐまれなかったアウグストゥスは、カエサルによって抜擢されたアグリッパに軍事面を任せる。やがて「パクス・ロマーナ（ローマの平和）」が確立されると、アグリッパは技術者集団を組織し、パンテオン（現存のものではない）やローマで最初の公共浴場をつくり、ヴィルゴ水道も引いている。アウグストゥスは自らの名を冠したフォロをつくるが、この周囲にはこの後、皇帝の名を冠したフォロがつくられていく。

ティベリウスがアウグストゥスの跡を継いで2代目皇帝となり、さらに帝国を堅固なものとする。この時代には、属州ユダヤの地で、イエスが処刑されている。近衛軍団によって暗殺されたカリグラの跡を継いだクラウディウスは、妻に毒殺され、妻はその連れ子であったネロを皇帝に据える。ネロは幾多の奇矯な行いにより市民、元老院、そして近衛軍団にも見放され自殺に追い込まれる。ネロは64年のローマの大火の後、ローマの中心部の多くの土地を接収し、自らの大宮殿、ドムス・アウレア（黄金宮殿）を建設している。

5賢帝とその前後

ネロ自死の後に混乱が続くが、その事態を収拾したウェスパシアヌスが9代目の皇帝の座につく。コロッセオを建設したウェスパシアヌスは傾いていた国家財政を建て直している。13代の皇帝、トラヤヌスはローマ帝国の版図を史上最大にまで拡大。公共事業も盛んに行い、トラヤヌスのフォロや市場をつくり、テヴェレ河口近くにはクラウディウスに次いで港を新設した。

のちに5賢帝と呼ばれるのはこのトラヤヌスの先帝、ネルヴァからで、「最高の皇帝」と称えられたトラヤヌスの後はハドリアヌス、アントニヌス・ピウス、マルクス・アウレリウスと続く。ハドリアヌスは2度にわたり長期の視察旅行をして帝国防衛の強化を図り、イギリス北部にハドリアヌスの長城を築いた。パンテオンを再建し、ローマから30kmほど離れた地にヴィラ・アドリアーナもつくっている。

21代皇帝のセプティミウス・セウェルスは大国パルティアとの戦いに勝つ。その勝利を記念して建設されたのがフォロ・ロマーノ北端にある凱旋門だ。その息子が浴場にその名が残るカラカラである。暴君として知られるカラカラは暗殺によりその生を閉じる。2世紀後半からは異民族が襲来するようになり、270年代にはアウレリアヌスがローマを防御するための市壁をつくるほど、その脅威は差し迫ったものとなっていた。

CHAPTER.2

第 2 章｜3 つの丘とその周辺
Tre Colli

ローマにはフォロ・ロマーノを囲むように 7 つの丘がある。
3 つの丘とはこのうちの、カピトリーノの丘、クィリナーレの丘、ヴィミナーレの丘である。
カピトリーノは、古代には多くの神殿が立っていたが現在はカンピドリオ広場がある。
クィリナーレには大統領官邸（クィリナーレ宮）があり、ヴィミナーレには内務省の建物が立つ。
後の 2 つの丘は、カピトリーノのようには高さを認識しづらいが、
クィリナーレであれば、大統領官邸に西ないし南側からアプローチしたり、
サン・カルロ・アッレ・クアットロ・フォンターネ聖堂（このエリアでは必見）のある交差点に立つと、
丘であることがはっきりと感じられるだろう。
この第 2 章のエリアでは、北に向かうと聖堂が多くなる。
テルミニ駅は東端に位置する。

P.032　トラヤヌスの市場　Mercati di Traiano
P.033　トラヤヌスの記念柱　Colonna Traiana
P.033　カエサルのフォロ　Foro di Cesare
P.034　アウグストゥスのフォロ　Foro di Augusto
P.035　ヴィットリオ・エマヌエーレ 2 世記念堂　Monumento a Vittorio Emanuele II
P.036　カンピドリオ広場　Piazza del Campidoglio
P.038　サンタ・マリア・イン・アラチェリ聖堂　Santa Maria in Aracoeli
P.039　サン・ピエトロ・イン・ヴィンコリ聖堂　San Pietro in Vincoli
P.039　サン・ジョルジョ・イン・ヴェラブロ聖堂　San Giorgio in Velabro
P.040　トレヴィの泉　Fontana di Trevi
P.041　サンタ・マリア・イン・ヴィア聖堂　Santa Maria in Via
P.041　サンティ・ヴィチェンツォ・エ・アナスターシオ聖堂　Santi Vicenzo e Anastasio
P.042　サン・カルロ・アッレ・クアットロ・フォンターネ聖堂　San Carlo alle Quattro Fontane
P.044　サンタンドレア・アル・クイリナーレ聖堂　Sant'Andrea al Quirinale
P.045　テルミニ駅　Stazione Termini
P.046　サンタ・マリア・マッジョーレ大聖堂　Santa Maria Maggiore
P.047　サンタ・プラッセーデ聖堂　Santa Prassede all'Esquilino

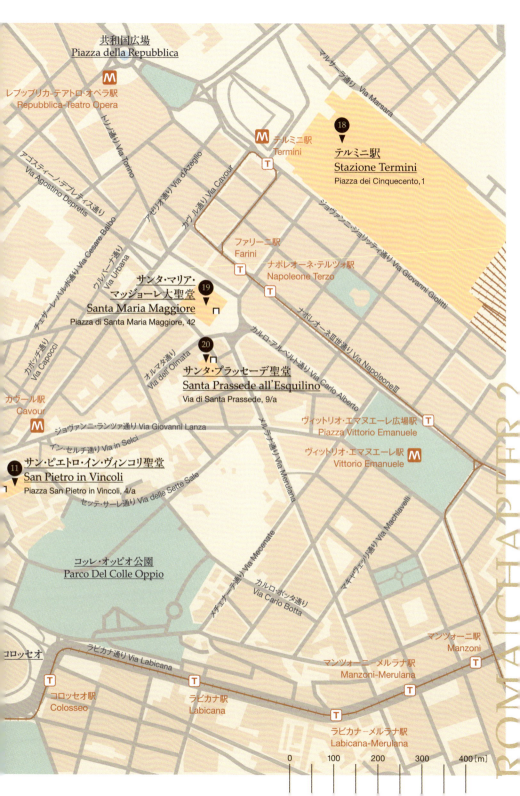

Mercati di Traiano
トラヤヌスの市場
110

夕方になると美しくライトアップされる。

5賢帝の1人、トラヤヌスがつくった古代のマーケット

市場の湾曲部にはトラヤヌスのフォロから張り出したエクセドラ(半円形の建築部分)が迫っていた。

現ルーマニアのあたりを舞台に戦って勝利を収め、帝国北部の防衛線を固め直したダキア戦役(101–102、105–106)の後、第13代皇帝トラヤヌス(在位98–117)はローマに戻り多くの公共建築を建設する。トラヤヌスのもとで建設を手がけたのは建築家アポロドロス。この当時にして、全長が1km超のトラヤヌス橋をドナウ河に架けるという難事をなし遂げていた人物だ。

後に5賢帝の1人と称されることになるトラヤヌスは、首都ローマでは、浴場のほか、フォロ、市場などを建設するが、クィリナーレの丘を切り崩し、広大なトラヤヌスのフォロに隣接して建てたのがこの市場だ。多くの店舗(タベルナエ)が入っていたようだが、フォロ関連の行政部門が入っていたとする説もある。裏手の博物館入口から入ることができ、眼下にトラヤヌスのフォロ跡を望むことができる。 →P.030-4

Colonna Traiana

トラヤヌスの記念柱

2世紀初頭の戦いの記憶が刻まれた記念柱

トラヤヌスのフォロの北の部分に立てられたこの柱も、アポロドロスによるもの。ダキア戦役の事績が、下から上へと螺旋状に白大理石の柱にレリーフ状に描かれ、カエサルの『ガリア戦記』のような詳細な記録が残されていないこの戦いの貴重な資料ともなっている。エウルの文明博物館には、全長200ｍ近いこのレリーフの石膏によるレプリカがある。

→P.030-5

現在は、中世に失われたトラヤヌス像のかわりに聖ペトロの像が載る。

Foro di Cesare

カエサルのフォロ

「来た、見た、勝った」カエサルの公共建築

帝政への道筋を描いた後、独裁を怖れたブルータスらにより暗殺されたユリウス・カエサル（ジュリアス・シーザー、前100－前44）により建設されたフォロ。南側には元老院があり、東側ではアウグストゥスのフォロと接していた。多くの建物が立ち並び手狭になったフォロ・ロマーノの北側に高額で用地を買収した上でつくられ、神殿の左右には回廊が延び、回廊の奥には店舗（あるいはオフィス）が並んでいた。後に増築をされるこのフォロの一角には、図書館や学校のような施設も入っていたともいわれる。ユリウス一門の祖神であったウェヌスを祀る神殿の前には、カエサルの騎馬像が立っていた。

右に立つ柱がウェヌス神殿のもので左が回廊跡。

→P.030-6

Foro di Augusto
アウグストゥスのフォロ
2

向かって左にトラヤヌスのフォロがあり、右はネルワのフォロ、平和のフォロと続く。

跡を継ぐべき息子をもたなかったユリウス・カエサルの養子となり（本来はカエサルの姪の息子）、アントニウスらとカエサルの仇を討った後には、政敵となったアントニウスを倒して初代皇帝となったアウグストゥス。彼は前27年から後14年までの長い在位期間に、表向きは共和政ながらその実は帝政という「デリケートなフィクション」（塩野七生）を編み出し、カエサルの意を引き継ぎながら大帝国の礎を築いた。

カエサルのフォロの北側に位置するこのフォロの中央部につくられたのは、アウグストゥスがカエサルの暗殺者たちとの戦いに勝利した暁には建てると誓った、復讐神マルスの神殿。コリント式の円柱が3本残るこの神殿前の広場には、4頭立ての戦車に乗ったアウグストゥスのブロンズ像があったという。床や柱には帝国各地から集められたさまざまな色彩の大理石が使用された。　→P.030-7

初代皇帝の名を冠したフォロ

7/100

Monumento a Vittorio Emanuele II

ヴィットリオ・エマヌエーレ2世記念堂
1911

4頭立ての馬車に乗った勝利の女神のブロンズ像が屋根の両端に立つ。

8/100

<u>イタリア初代国王の業績を称えるモニュメント</u>

周囲を威圧するような佇まいのこの建物は、ヴェネチア広場に面して立ち、背後にはカンピドリオ広場やフォロ・ロマーノが控える。ローマ中心部の真ん中を走るコルソ通り(旧フラミニア街道)により、ポポロ広場と直線でつながる絶好の立地にある。

イタリアは1861年に統一されて立憲君主制の王国となるが、1871年に王国の首都となったローマでは大規模な再開発が行われ、この建物もその一環として建設された。

設計コンペによって200を超える案から選ばれたこの白大理石の建物は、コンポジット式の列柱廊を中心に据えて両サイドに神殿スタイルのデザインを配した大仰なものだが、観光向けのランドマークとしては大いに機能しているようだ。新国家の威厳を誇示するこの建物の前面中央には、建国の父、ヴィットリオ・エマヌエーレ2世の騎馬像がこれも周囲を圧するようにして立っている。

→P.030-8

Piazza del Campidoglio
カンピドリオ広場

ミケランジェロが整備を手がけた古代ローマの聖なる丘

9/100

古代ローマにおいてカピトリーノ（カンピドリオ）の丘は神々に捧げられた聖なる場所で、多くの神殿が立っていた。戦いの勝利を祝う凱旋式では、軍団兵らとともにフォロ・ロマーノを通りこの丘に至ると、将軍が最後に1人だけ最高神ユピテル（ゼウス）の神殿に入り、神に勝利の報告を行うとともに感謝を捧げたという。16世紀にこの広場の整備を教皇パウルス3世に託されたのがミケランジェロで、巨匠最晩年の仕事であった。

広場に面して立つ建物のファサードに採用された2層分の高さをもつ柱（ピラスター）と梁のデザインはジャイアント・オーダーと呼ばれ、ミケランジェロの創案といわれる。広場には楕円の中に幾何学模様が描かれているが、黄道十二宮を表すその模様の中心には、マルクス・アウレリウス帝の騎馬像が据えられている。相対して立つ2つの建物は現在、美術館として使われており、古代の彫刻やルネサンス、バロック期の絵画などを収蔵・展示している。　　　　　　　　→P.030-9

コンセルヴァトーリ宮の中庭に置かれたコンスタンティヌス帝の巨像の頭部など。この像は、古代にはマクセンティウスのバシリカ内に置かれていた。

騎馬像の台座はミケランジェロが手がけた。ミケランジェロ案とは異なる立面になっている。正面がセナトリオ宮（現・市庁舎）。

古代には、左のコンセルヴァトーリ宮の裏手にユピテルの神殿があった。右が新宮。ともに2階中央部の窓はジャコモ・デッラ・ポルタが加えたもの。

Santa Maria in Aracoeli
サンタ・マリア・イン・アラチェリ聖堂
6C

聖堂左脇の部分から隣の記念堂へと移動することができる。

22本ある柱は、イオニア、コリント…と様式はばらばら。

カンピドリオに立つ唯一の聖堂

カンピドリオ広場とヴィットリオ・エマヌエーレ2世記念堂との間にはさまれて立つこの聖堂の創建は6世紀にまでさかのぼる。124段ある大理石の階段を上って至る敷地は古代にユノー神殿があった場所である。
身廊に面して立つ柱を見ると様式がばらばらだが、これは古代のさまざまな建物から取り集められてきたためという。天井はオスマン帝国との戦いに勝利したレパントの海戦（1571）を記念してつくられたもの。

ピントゥリッキオによるルネサンス期のフレスコ画を右側廊の最初の礼拝堂で見ることができるが、この聖堂で最も有名なのは、奇跡を行う力があるとされる「聖幼な子」像だ。ゲッセマネのオリーブの木からつくられたものであったという（オリジナルは盗まれて、現在置かれているのはレプリカ）。

→P.030-10

San Pietro in Vincoli

サン・ピエトロ・イン・ヴィンコリ聖堂

ミケランジェロの
モーゼ像が必見

5世紀創建のこの聖堂の主祭壇の下には、聖ペトロがエルサレムの牢獄と、フォロ・ロマーノ北端にあるマメルティヌスの牢獄につながれていた時のものが「奇跡的に」結びついてできたといわれる鎖（ヴィンコリ）が収められている。だが、この聖堂の見どころはミケランジェロによるモーゼの像だ。教皇ユリウス2世から制作依頼を受けて取りかかり、中断の後、規模を縮小して完成させた墓所の中央に据えられたもので、引き伸ばされた人体表現が独特のオーラを発している。

→P.031-11

モーゼ像は主祭壇の右側にある。

San Giorgio in Velabro

サン・ジョルジョ・イン・ヴェラブロ聖堂

7C

場所はサンタ・マリア・イン・コスメディン聖堂のすぐ北側。

ロムルスとレムス
ゆかりの場所に立つ

6世紀の創建といわれるこの聖堂が立つのは、パラティーノの丘の西側で、ローマを建国したロムルスとレムスの双子が発見された場所と伝えられる。7世紀に建て直されたこの建物は長期にわたって洪水の被害を受けてきたが、現在では原デザインへと修復されているという。エントランスにイオニア式の円柱が並ぶファサードと鐘楼は12世紀のものである。

→P.030-12

Fontana di Trevi
トレヴィの泉
1762

13/100

都市空間を見事に演出するバロック的な舞台装置

中央に立つのがネピトゥーヌス（ネプチューン）。その前方の左右にはトリトンと海馬が配されている。

ローマを歩くと噴水をよく見かけるが、その多くが初代皇帝のアウグストゥスの右腕として活躍したアグリッパが紀元前19年に引いたヴィルゴ水道（ヴィルジネ水道）の水を使用したもの。この水道は6世紀に破壊された後、ルネサンス時代に再建されるが、この泉も同様に破壊された後、15世紀に再建された。彫刻、噴水と背後の建築とが見事に融合した現在の姿になったのは、さらに約300年を経た18世紀。設計は時の教皇クレメンス12世が設計コンペで選んだニコラ・サルヴィという建築家によるもので、選ばれた当時サルヴィは30歳代前半であった。

言わずとも知れたローマを代表する観光名所でありローマを舞台とした多くの映画で登場するが、ウディ・アレン監督の2012年の映画『ローマでアモーレ』では「まるでロマン小説よ。アメリカ娘がトレヴィの泉で地元のイケメンと出会うなんて」というセリフも盛り込まれている。

→P.030-13

Santa Maria in Via

サンタ・マリア・イン・ヴィア聖堂
16C

奇跡の地に建てられた聖堂

コルソ通りからトリトーネ通りに折れてすぐ右側に見えるこの聖堂は溢れ出た井戸の水とともに聖母の絵が現れたという奇跡の地に16世紀頭に建設された。
ジャコモ・デッラ・ポルタによるファサードは17世紀後半にカルロ・ライナルディによって手を加えられている。同じバロック期のものでも、すぐ近くのサンティ・ヴィチェンツォ・エ・アナスターシオ聖堂と比べると平面的かつ静的な印象を与える。

→P.030-14

14/100

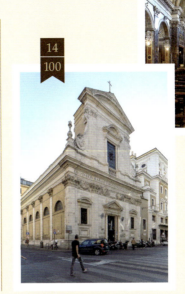

右‥聖堂の身廊からアプスを見る。
左‥ファサードはコルソ通りからも見ることができる。

Santi Vicenzo e Anastasio

サンティ・ヴィチェンツォ・エ・アナスターシオ聖堂
1650

ダイナミックなバロックのファサード

15/100

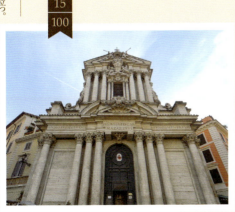

トレヴィの泉の斜め前に立つこの聖堂は1650年に完成したバロック期の建築で、ファサードは中央にいくにつれて少しずつ前にせり出している。円柱と破風の組み合わせが3回繰り返された中央部に造形表現が集中し、動的で劇的ともいえる迫力を醸している。2番目のペディメントの上に立つ奇妙な紋章はこの聖堂を建設した枢機卿のもの。

→P.030-15

San Carlo alle Quattro Fontane

サン・カルロ・アッレ・クアットロ・フォンターネ聖堂
1682

ベルニーニのサンタンドレア・アル・クィリナーレ聖堂から150mほど離れた場所に立つフランチェスコ・ボッロミーニ(1599−1667)設計の聖堂。道幅が狭くて見にくい難点はあるが、うねるような縦長のファサードは小規模ながら迫力満点だ。4本のコリント式円柱が支えるエンタブラチュアの部分が湾曲し、両端部が前面へと突き出ている。

うねるような印象は主に上下のエンタブラチュアによるもの。ボッロミーニが手がけたのは1層目のみで2層目は甥が完成させた。

楕円のドームを中心に複雑な造形が広がる。視覚を刺激するにとどまらず触覚的ともいえる空間。

奇才ボッロミーニの過激なバロック建築

内部に入ると、煤けたように汚れた外観とは打って変わり白を基調とした空間にまず意表を突かれる。見上げるとバロックのメインモティーフである楕円を中心に周りに半円ドームやアーチなどを配した複雑な造形が目に入る。空間同士がせめぎ合うような、あるいは相互に貫入しているような不思議な感触に溢れる。楕円の部分はドームになっておりランタン（頂塔）などから射し込む光がその白さを際立たせている。

ドームの天井は菱形と円と十字を組み合わせてつくられている。円は八角形で囲んだ上でドームのデザインに組み込まれており、バロック空間とこうした幾何学的形象との組み合わせが他にはない感触をもたらす。時代を突き抜けてしまった観のある造形であり、他では味わえない種類の聖性をも感取させる。

→P.030-16

右：円柱が支えるエンタブラチュアが複雑にうねる。
左：修道院の中庭。祭壇右側から入る。

Sant'Andrea al Quirinale

サンタンドレア・アル・クィリナーレ聖堂
1678

ベルニーニ自讃の
バロック聖堂

縦長のファサードは、左に少し歩いた場所にあるボッロミーニの聖堂とは対照的に静かな佇まい。

バロック期の巨匠ジャン・ロレンツォ・ベルニーニ(1598-1680)設計の聖堂。巨匠が自ら代表作と認めたものという。湾曲したヴォリュームを背後にもつ縦長のファサードは、同じ通りに立つボッロミーニの傑作に比べると古典的ともいえる静的な佇まいだ。

ライバルであったボッロミーニの楕円形ドームが入口から奥へと延びるのに対してこちらは横へと広がっている。ランタン(頂塔)から入り下へと広がる光を形象化したような太いラインをそのまま下の柱にまで繋げたデザインがダイナミックだ。

バロックを特徴づける、建築と彫刻、絵画との融合も見どころで、ランタンの下部では天使たちが顔と翼を並べ、ドーム下端の窓の上部には天使や聖人たちの彫刻が配されている。ドーム中心のオレンジに光るランタンのそのまた中央には聖霊を表す白い鳩が描かれている。主祭壇の右側の入口から入る聖具室では、絵画と建築とが融合した濃厚な室内空間を体験できる。 →P.030-17

ヴォールト天井が絵画で埋め尽くされた聖具室。

この楕円形ドームを支える壁や柱には色大理石が使われている。

17/100

Stazione Termini

テルミニ駅
1951

18/100

ファシスト好みの駅舎デザイン

南西側の立面。

ローマの中央駅。庇を大きく張り出したデザインが特徴的なコンコース部分は、戦後の設計コンペで選ばれたもの。駅ホーム両サイドに立つ建物は、ファシズムの時代にテクノクラート（技術官僚）として多くの駅舎を手がけたアンジョロ・マッツォーニが設計したものだ。2層目でアーチを、3層目でヴォールトを連ねた立面が300m以上にわたり続くファシスト好みのデザインである。

→P.031-18

Santa Maria Maggiore
サンタ・マリア・マッジョーレ大聖堂
5C

コロンブスが持ち帰った金が使われたといわれる天井。

4大聖堂のひとつで5世紀のモザイク画が残る

鐘楼は15世紀、ファサードは18世紀のもの。

19/100

5世紀に教皇シクストゥス3世が完成させたこの聖堂はローマの4大聖堂のひとつで、ローマ市内ながら教皇の治外法権が認められている。

イオニア式の白い円柱が並ぶ身廊は5世紀のもの。格子状の天井は15世紀末につくられたもので、クリストファー・コロンブスがアメリカから持ち帰った金が使われたともいわれる。

古いモザイク画が多く残り、身廊の梁の上には『旧約聖書』から材を取った5世紀のモザイクが見られ、受胎告知などが描かれた身廊奥の勝利のアーチも5世紀のもの。その背後にあるアプス(後陣)には、13世紀の「マリアの戴冠」が描かれている。

→P.031-19

Santa Prassede all'Esquilino

サンタ・プラッセーデ聖堂
9C

金色に輝くモザイク画に見とれる

20/100

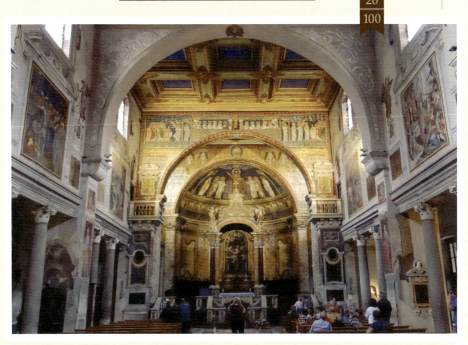

アーチ部分は9世紀のモザイク画。

サン・ゼノーネ礼拝堂天井の金色に輝くモザイク画「天上の園」。

9世紀創建のこの聖堂の名称は、元老院議員の娘で、殉教したという伝えのある聖女の名前から取られている。近くには、その姉妹、プデンツィアーナの名が付けられた聖堂も立つ。見どころは創建当時のモザイク画で、アプス（後陣）や身廊のアーチ部分のモザイクもビザンチン様式のもの。右側の側廊につくられたサン・ゼノーネ礼拝堂は入口から内部までモザイク画で埋まり、天井には中央のキリストの周りに天使を配した「天上の園」と称されたモザイク画が描かれている。イエスがエルサレムで鞭打たれた際につながれたものとされる柱の一部も目にすることができる。　→P.031-20

Column

[コラム]
古代ローマとその建築 ❷

分割から滅亡へ

カラカラから4代後のセウェルス・アレクサンデルが殺されると、ディオクレティアヌスの即位までの約50年間にわたり帝国は混乱の時期が続く。ディオクレティアヌスは帝国を東西に分割し、そのそれぞれに正帝と副帝を置いて4人で分割統治する体制を築き、自らは東の正帝となる。

キリスト教徒に対して最大といわれる弾圧を行ったディオクレティアヌスに対し、コンスタンティヌスは313年のミラノ勅令ですべての宗教を公認し、以後、キリスト教が帝国内に広まっていく。また、ローマからコンスタンティノープル(現イスタンブール)に遷都した。キリスト教を唯一の公認宗教としたテオドシウスが395年に没すると、帝国はその2人の息子の間で分割され、以後、東はビザンツ帝国として約1000年続くが、ローマを擁する西ローマ帝国は傭兵隊長のオドアケルにより、476年に滅ぼされる。

ルネサンスとローマ

西ローマ帝国の滅亡後、ローマがふたたび歴史のひのき舞台に登場するのは15世紀に教皇がヴァチカンを拠点にするようになってからである。教皇は都市の基盤となる施設や設備を整備し、ニコラウス5世は15世紀半ばに古代のヴィルゴ水道を再建すると同時に、サン・ピエトロ大聖堂などの改築などを行った。そして、15世紀前半にフィレンツェから始まったルネサンスの波はローマにまで至り、16世紀初頭にはブラマンテが盛期ルネサンスを代表するテンピエットを完成させる。

古代ローマ時代の建築

ルネサンス以降の建築家たちが参照し、手本としたのが古代ローマの建築だったが、この古代ローマの建築はどういう特徴をもったものだったのか、最後に簡単に見ておこう。

ローマではギリシャで発明されたオーダー(円柱と梁からなる)を神殿だけでなくさまざまな公共建築物へと応用していったが、その時にアーチという構造形式を利用している。すなわち、オーダーを使用したギリシャの神殿建築は柱梁構造の石造建築であったが、石は曲げる力に弱く梁材としては本来不向きであることから多くの制約があった。ローマではアーチと壁を組み合わせることによりオーダーを構造という用途から解き放ち、その用途とともに建築表現の可能性をも飛躍的に広げたのである。これはコロッセオを例に見てみるとわかりやすい。コロッセオは4層からなるが、下から3層はアーチを連ねた構造として、そこに下からドーリス、イオニア、コリント式のハーフ・コラムを、そして最上層にはコリント式のピラスター(付柱)を使ったオーダーを貼り付けている。つまりこれらのオーダーは構造的な役割をまったく果たしていないのだ。

ルネサンス期にはこうした古代建築からその法則を探り5つのオーダーとして定式化して手本とした。オーダーを分解あるいは組み合わせるなどして崩した表現を試みたのがマニエリスムであり、バロックではマニエリスムのそうした知的遊戯の側面が後退し、オーダーを動的な構成の中で使いながら、劇的でわかりやすい空間表現を試みるようになる。

CHAPTER.3

第3章｜カンポ・マルツィオ
Campo Marzio

カンポ・マルツィオとは「マルスの野」を意味する。
練兵場があったことから、軍神マルスの名前が付けられた。
共和政の末期頃にはこのエリアも都心化し、多くの建物が立つようになる。
ポンペイウスによってポンペイウス劇場、カエサルによってサエプタ・ユリアと
マルケルス劇場が建てられ（完成はともに帝政期）、帝政期に入ると、
アウグストゥスの右腕であったアグリッパによって
パンテオンやローマで最初の公共浴場がつくられた。
アウグストゥスはこのエリアの北の部分に皇帝廟とアラ・パチス（平和の祭壇）をつくっている。
現在はローマでいちばん賑わいのあるエリアであり、
パンテオンのほかには聖堂とパラッツォがメインの見どころとなる。

P.052　イル・ジェズ聖堂　Il Gesù
P.054　サンティニャーツィオ聖堂　Sant'Ignazio di Loyola
P.056　パンテオン　Pantheon
P.059　サンタ・マリア・ソプラ・ミネルヴァ聖堂　Santa Maria Sopra Minerva
P.059　ハドリアヌス神殿跡　Tempio di Adriano
P.060　サンタゴスティーノ聖堂　Sant'Agostino
P.061　コロンナ広場　Piazza Colonna
P.061　モンテチトーリオ宮　Palazzo di Montecitorio
P.062　アルテンプス宮　Palazzo Altemps
P.063　サン・ルイージ・デイ・フランチェージ聖堂　San Luigi dei Francesi
P.063　サンティーヴォ・アッラ・サピエンツァ聖堂　Sant'Ivo alla Sapienza
P.064　サンタ・マリア・デッラ・パーチェ聖堂　Santa Maria della Pace
P.065　マッシモ・アッレ・コロンネ宮　Palazzo di Massimo alle Colonne
P.066　ナヴォーナ広場　Piazza Navona
P.068　カンチェッレリア宮　Palazzo della Cancelleria
P.068　サン・フィリッポ・ネリのオラトリオ　Oratorio dei Filippini
P.069　アレア・サクラ　Area Sacra
P.069　サンタンドレア・デッラ・ヴァッレ聖堂　Sant'Andrea della Valle
P.070　ヴェネツィア宮殿　Palazzo di Venezia
P.070　ドーリア・パンフィーリ宮　Palazzo Doria Pamphilj

Il Gesù
イル・ジェズ聖堂
1584

身廊の天井を見上げる。建築と絵画と彫刻の絢爛たる競演。中央はバチッチャによるフレスコ画《イエスの御名の勝利》。

ジェズとはイタリア語でイエスを意味する。ルターやカルヴィンらによる宗教改革の動きが起こったのが16世紀前半。これに危機感をつのらせたカトリックの側からそれに対抗する改革が始められる。

イグナチオ・デ・ロヨラやフランシスコ・ザビエルによるイエズス会の活動がよく知られているが、イエズス会は教会建築でも新機軸を打ち出して16-17世紀の教会建築に大きな影響を与えた。

ロヨラの死後、イエズス会の総本部として建設されたこの聖堂がそれで、ジャコモ・バロッツィ・ダ・ヴィニョーラによる設計はアルベルティやブラマンテの影響が指摘されている。ファサード2層目の左右端部に斜めの壁を配し渦巻き形の装飾（ヴォリュート）を施すデザインはアルベルティによるフィレンツェのサンタ・マリア・ノヴェッラ聖堂にその原形を見ることもできるだろう。

バシリカ式の建築では身廊の左右に側廊があるが、この聖堂では側廊ではなく大小の礼拝堂などを配している。

入口上にはIHSの文字と十字架を組み合わせたイエズス会の紋章が掲げられている。ファサードのデザインはジャコモ・デッラ・ポルタ。

世界を席巻したイエズス会の総本山

身廊から内陣側を見る。

内部は当初簡素なものだったようだが、現在見られるのはバロック期のもので、絵、彫刻と一体化した絢爛たる空間は天上の世界をリアルに感触させ信仰心に働きかける上で大きな効果を上げただろう。→P.051-21

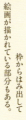

枠からはみ出して絵画が描かれている部分もある。

Sant'Ignazio di Loyola
サンティニャーツィオ聖堂
1650

イル・ジェズ型のファサードを見てから内部に入ると、絵画と彫刻が建築と一体化した典型的なバロック空間が現れる。身廊の天井に描かれているのは《サンティニャーツィオの栄光》で、サンティニャーツィオとはイエズス会を創設したイグナチオ・デ・ロヨラのこと。天使や聖人たちとともに4大陸の擬人像も描き込まれている。

作者はアンドレア・ポッツォというイエズス会士で、15世紀にブルネレスキによって発明された一点透視画法を用いて、身廊の中央に立って見上げた時に最も自然に見えるように描かれている。建築との区別がつきにくいように描かれた一種の"だまし絵"である。

中央の交差部にあるドームは実はフェイクで、身廊の天井画と同様に一点透視画法によって描かれたものだ。身廊側からの見えを計算して描かれているため、逆の内陣側からは不自然な見え方になる。 →P.051-22

ファサードはイル・ジェズ聖堂の影響を受けたデザイン。

22 / 100

ポッツォによる身廊の天井画《サンティニャーツィオの栄光》。

フェイクのドームを内陣側から見る。

イエズス会の勝利を 歌い上げる空間

ドームの下からアプスを見る。

Pantheon

パンテオン
125

古代の威容を今なお目の当たりにできるこの建築は、コルソ通りからナヴォーナ広場に向かう途中に位置する。8本並ぶコリント式の円柱が支える梁の部分に初代皇帝アウグストゥスの右腕として活躍した武将アグリッパの名前が見える。

アウグストゥスを軍事面で強力にサポートしたアグリッパは、「パクス・ロマーナ(ローマの平和)」の時代を迎えると、技術者集団を組織し、浴場など多くの公共施設を建設していくが、パンテオンもそのひとつであった(前25年に完成)。しかし、現在残るパンテオンはこの初代の建物が火災に遭ったため、ハドリアヌス帝によって同じ場所に再建されたもの

巨大ドームを戴く円堂の前にギリシャ神殿風のプロナオス(前柱廊)がある。間近で見ると巨大なスケールに圧倒される。

23/100

（125年完成）。

パンテオンとは「すべての神々」の意味で、当初は万神殿として建設されたが、7世紀にはキリスト教の聖堂に転用された。現在では、国家的功労者を祀る場所となり、ラファエッロの墓もここに置かれている。

ローマを代表する古代の神殿建築

トップに開けられた穴は円周が9mあるという。

プロナッススを通してロトンダ広場側を見る。

キリスト教の聖堂に転用された時期があった。

古代には道路面が現在より低かったため、パンテオンは見上げる位置にあった。

ドーム部分はコンクリートでつくられており、木製型枠を使用して打設された。下の円筒部分の壁の厚さは6mほど。上に行くにつれて薄くなり、最頂部では壁厚は1.5mになる。直径43.3mの球体がこの中にすっぽりと収まるという。

イギリスの監督ピーター・グリーナウェイの映画『建築家の腹』の冒頭近くと終盤でパンテオンの美しい夜景が映し出されるが、この映画では球体というモティーフが、幻視の建築家ブレによる球状の「ニュートン記念堂」、建築家の丸々と太った腹とその妊娠した妻の腹というように何重にも変奏されて現れる。

→P.051-23

内部は常時人で溢れる。ドーム下のペディメントと窓形のニッチは18世紀に加えられたもの。

Santa Maria Sopra Minerva

サンタ・マリア・ソプラ・ミネルヴァ聖堂
15C

G.ガリレイにゆかりの聖堂

ヴォールト天井をもつこのゴシック様式の教会は古代の神殿跡に建てられたもので15世紀におおむね完成。シンプルというよりも素っ気ないといった表現のほうがふさわしいファサードは17世紀のものだ。
内部では、フィリピーノ・リッピやアントニアッツォ・ロマーノなどの絵画を見ることができる。ガリレオ・ガリレイはこの教会付属の修道院で地動説を否定したとされる。

→P.051-24

広場のオベリスクを載せた象の彫刻はベルニーニによるもの。

Tempio di Adriano

ハドリアヌス神殿跡
2C

現代都市と融合したハドリアヌス神殿

5賢帝の1人、アントニヌス・ピウス帝（在位138-161）が先帝ハドリアヌスを祀るために建てた神殿の右側面部分が今も残りパンテオン近くの広場で見ることができる。
11本のコリント式円柱は、周壁とともに、証券取引所の建物に組み込まれている。15mの古代の円柱が立ち並ぶ姿をこうしたかたちで見ることができるのもローマならではの体験だ。

→P.051-25

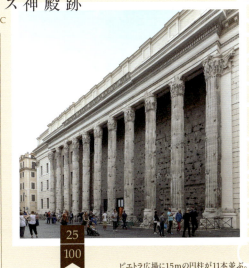

ピエトラ広場に15mの円柱が11本並ぶ。

Sant'Agostino
サンタゴスティーノ聖堂
1483

26/100

場所はナヴォーナ広場の近く。

15世紀末の初期ルネサンスの教会建築。ほぼ同時期に建てられたサンタ・マリア・デル・ポポロ聖堂と同様に、ファサードはマニエリスムやバロック期のデザインと比べるとシンプルかつ平面的に処理され幾何学的な印象を受ける。ゴシックに由来する円形の薔薇窓の上に三角の破風が載る構成はポポロ聖堂とまったく同じである（ただしこの教会では薔薇窓の周囲を正方形で縁どり、それを下層の左右でまた反復している）。

《出産の聖母》像の上にラファエッロの絵が描かれている。

柱にラファエッロの絵が描かれたルネサンス建築

内部では、ラファエッロの《預言者イザヤ》やカラヴァッジョの《巡礼の聖母》を見ることができる。前者はミケランジェロかと思わせる動きのある構図で描かれている。 →P.050-26

中央がカラヴァッジョ《巡礼の聖母》。

Piazza Colonna
コロンナ広場

コロンナの名は記念柱に由来

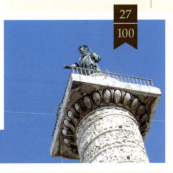

27/100

コルソ通りに面したこの広場に立つのはマルクス・アウレリウス帝（在位161–180）の記念柱。コロンナとはイタリア語で円柱を意味し、広場はこの記念柱からネーミングされている。トラヤヌスの記念柱と同じく螺旋状に刻み込まれたレリーフには、アウレリウス帝の行った戦いの事績が描かれている。頂部にあった皇帝像は聖パウロの像へと替えられている。通りから見て広場の右に立つのは現在、首相官邸として使われているキージ宮。 →P.051-27

右がキージ宮。

アウレリウス帝の記念柱に載るのは聖パウロの像。

Palazzo di Montecitorio
モンテチトーリオ宮
1694

以前は裁判所であったが、現在はイタリアの代議院（下院）として使用されている。17世紀頭に教皇インノケンティウス10世が依頼しベルニーニが設計したが、工事中断の後、17世紀末にカルロ・フォンターナが裁判所に用途変更をした上で完成させた。ファサードが中央の部分から左右が斜めに後退しているのが特徴。前に立つオベリスクはエジプトから運ばれてきたもので、以前はアウグストゥスの日時計として使われていたもの。当時、皇帝廟の南にあったアラ・パチスの隣に立ち、のちに倒れ地中に埋没していたものを16世紀に発掘、18世紀末に今の場所に置かれたという。 →P.051-28

イタリア下院の入るバロック期の建築

28/100

コロンナ広場からこの宮殿前へと抜けることができる。

Palazzo Altemps

アルテンプス宮
1480

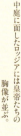
《水浴するアフロディーテ》

古代の彫刻にどっぷりとつかる

現在、ローマ国立博物館の分館として使用されているこの建物は、教皇シクストゥス4世の甥が建てたもので、アルテンプスの名はその後、購入したアルテンプス枢機卿から取られている。

《水浴するアフロディーテ》をはじめ、アポロやヘルメス、アテネといった神話に材を取った古代の彫刻が多く収蔵・展示されているほか、ユリウス・カエサルやハドリアヌス帝のお気に入りであったアンティノウスの胸像、また、カエサルが制作を依頼したともいわれる《自害するガリア人》なども見ることができる。

アーチのデザインが1、2層をめぐる中庭に面したロッジアでは、歴代の皇帝の胸像が並んでいる。ロッジアの彩色された天井も美しい。

→ P.050-29

中庭からロッジアのある側を見る。

29/100

中庭に面したロッジアには皇帝たちの胸像が並ぶ。

San Luigi dei Francesi
サン・ルイージ・デイ・フランチェージ聖堂
1589

ドメニコ・フォンターナが16世紀末に完成させたこの教会は在ローマのフランス人のための国民教会。『キリスト教精髄』の著者シャトーブリアンの恋人であったポリーヌ・ドゥ・ボーモンなど著名なフランス人が埋葬されている。

見どころはカラヴァッジョが1600年から1602年の間に描いた《聖マタイの召命》《聖マタイの殉教》《聖マタイと天使》の3部作。身廊左側の5つ目の礼拝堂で見ることができる。ドメニキーノの代表作《聖チェチーリアの生涯》は右側2つ目の礼拝堂にある。
→P.050-30

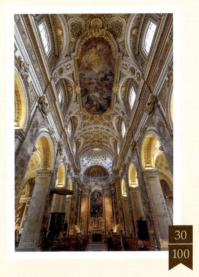

きらびやかに装飾されたヴォールト天井。

カラヴァッジョのマタイ3部作を見る

30/100

Sant'Ivo alla Sapienza
サンティーヴォ・アッラ・サピエンツァ聖堂
1659

31/100

ボッロミーニ代表作のひとつ

ベルニーニとともにローマ・バロック建築の双璧をなすボッロミーニによる設計。当時のローマ大学(現在、このローマ大学サピエンツァ校はテルミニ駅の東側に移転している)の中に建設された。ドリス式とイオニア式のピラスター(付柱)とアーチを組み合わせた回廊がめぐる中庭に面して立つ。立面は下の2層と上部で凹凸が反転するという珍しい構成で、頂部ではまた複雑な造形を見せる。

内部はさらに複雑さを増して、サン・カルロ・アッレ・クアットロ・フォンターネ聖堂同様、特異な空間となっている。正三角形を逆向きにして重ね合わせた平面をベースにして、2つの三角形の頂点に湾曲させた凹と凸をそれぞれ振り分けてつくり出しているのである。
→P.050-31

螺旋状の造形が見られるランタン部分も珍しい。

Santa Maria della Pace

サンタ・マリア・デッラ・パーチェ聖堂

15C

32/100

バロックの奥には
ブラマンテのルネサンス空間

ラファエッロのフレスコ画《巫女》。

17世紀半ばに改修されたこの教会は、ナヴォーナ広場西側にある狭い通りの突き当たりに立ち、都市空間と一体化した舞台装置のような佇まいがバロック建築のあり方をよく示している。半円形に突き出たポーチをもつ中央部分からはその前の広場空間を囲い込むように袖の部分が延びている。
内部では入ってすぐ右側にある礼拝堂のアーチ部分でラファエッロの描いたフレスコ画《巫女》を見ることができる。左袖の根元に設けられた入口は1504年に完成したキオストロへと通じている。
正方形平面をもつこのキオストロはブラマンテがローマで最初に手がけたもので、2階で営業するカフェで一息つきながら、静けさの漂う見事なプロポーションの空間をじっくりと堪能するのもいいだろう。

袋小路に立っているように見えるが、袖の部分から別の通りへと抜けることができる。

→P.050-32

064

ブラマンテによるキオストロは、1階アーチの中央部分に合わせ2階の角柱の間に円柱を置くという異例の構成。

Palazzo di Massimo alle Colonne

マッシモ・アッレ・コロンネ宮

1532

33/100

カーブした道なりに建てられている。

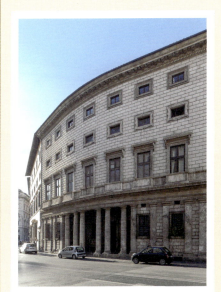

マニエリスム最初期の建築

この建物は、神聖ローマ皇帝カール5世による1527年の「ローマ略奪（サッコ・ディ・ローマ）」で破壊された建物跡に立つ。

初期マニエリスムに位置づけられる建築は、ブラマンテの助手であったペルッツィによるもの。ファサード上部の窓枠が地味ながら異例のディテールだ。コーニスによって上階とはっきりと分節された1階のドリス式円柱の間を抜けた先にある中庭には、ドリス式オーダーの上にイオニア式オーダーのロッジアを載せた空間がつくられている。

→P.050-33

Piazza Navona
ナヴォーナ広場

南北に細長いこの広場はドミティアヌス帝（在位81-96）がつくった競技場の跡につくられた。現在、広場を取り囲んでいる建物の位置には観客席が設けられていたという。

3つの噴水が置かれており、北から「ネプチューンの噴水」「4大河の噴水」「ムーア人の噴水」と呼ばれる。このうち「4大河の噴水」ではオベリスクの周囲にナイル、ドナウ、ガンジス、ラプラタの4大河を表す像が配されている。ベルニーニのもと、弟子が制作したものだ。

広場に面して立つサンタニェーゼ・イン・アゴーネ聖堂のファサードはボッロミーニの設計で、凹型に湾曲した部分などに"らしさ"がうかがえる。ボッロミーニとベルニーニの仲が悪いことは当時よく知られていたようで、ベルニーニがラプラタ河の像に倒れてくる聖堂からのけぞるような姿勢をとらせた、などと揶揄されたという（実際には聖堂の完成の方が後なのでありえないのだが）。 →P.050-34

サンタニェーゼ・イン・アゴーネ聖堂のファサードはボッロミーニが手がけた。

34/100

広場というバロック的な舞台装置でドラマチックなポーズを決める彫刻たち。上が「ネプチューンの噴水」。下が「ムーア人の噴水」。

古代の競技場跡につくられたバロック広場

「4大河の噴水」のガンジス河の像。

「ネプチューンの噴水」。

のけぞるラプラタ河の像。

Palazzo della Cancelleria

カンチェッレリア宮
16C

35/100

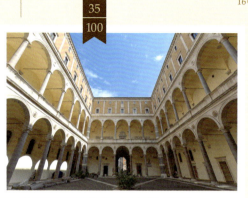

晴れやか軽やかな
ルネサンス建築

ある枢機卿が建設したが、没収され教皇庁の尚書院（カンチェッレリア）になったことからこの名が付いている。ファサードでは各階同じ位置に窓が整然と並ぶが、コーニスと窓台によって分節された各階は、窓の数、付柱のある無しなどの操作によってリズミカルな表情が生み出されている（このファサードのデザインでは黄金比が使われているとされる）。

中庭に入ると、1、2階で円柱とアーチが連なる回廊が、軽快なリズムを刻みながらハーモニーを奏でるルネサンス空間を体験できる。

アーチと円柱が軽快なリズムを刻む中庭空間。

→P.050-35

Oratorio dei Filippini

サン・フィリッポ・ネリのオラトリオ
17C

ボッロミーニ設計の
ディテールを堪能する

ボッロミーニが手がけた建築で、ファサードだけでも見どころ満載だ。サン・カルロ・アッレ・クアットロ・フォンターネ聖堂と比べ凹凸は目立たないものの、2層目上のコーニスを中央で膨らませているのに対し、3層目上のコーニスではへこませている。また、1階の窓をニッチのように深くくぼませるなどして、フラットな壁面に奥行き感を与えている。
3層とも異なるデザインとした窓の上部は異形（いけい）のディテールで、先を尖らせたファサード頂部と3層目中央のニッチの造形も風変わりなものだ。
サン・フィリッポ・ネリが創設したオラトリオ会は、クラシック音楽のオラトリオの流布に大きな役割を果たしたという。

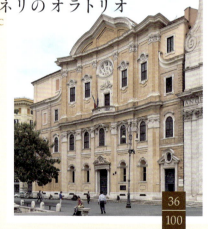

36/100

右隣りにはサン・フィリッポ・ネリによって建てられたイル・ジェズ型の聖堂が立つ。

→P.050-36

Area Sacra

アレア・サクラ

B.C.3C – B.C.2C

街なかに突如現れる紀元前の神殿跡

ラルゴ・アルジェンティーナの聖域（アレア・サクラ）とも呼ばれるこの場所には、共和政の時代につくられた神殿が4つ並んでいた。前3－前2世紀のもので、いちばん北にあるのはカルタゴを相手に戦った第1次ポエニ戦争での勝利の後に献じられたものという。

この聖域に接して西側にはポンペイウス回廊とポンペイウス劇場があった。今は建物に埋まって見えないが、劇場は前55年に完成したもので、回廊の方では元老院の会議も開かれたという。この回廊の一角でカエサルはブルータスら暗殺者たちの刃に倒れた。前44年の3月15日であった。

→P.051-37

共和政時代の神殿が4つ並ぶ。

Sant'Andrea della Valle

サンタンドレア・デッラ・ヴァッレ聖堂

16C – 17C

プッチーニ「トスカ」に登場する聖堂

16世紀に創建の聖堂のファサードはカルロ・マデルノによる設計で、イル・ジェズ聖堂の影響下にあるバロック期のもの。
2層目両端部にヴォリュート（渦巻き模様）のある壁をつくらず天使の彫刻を置いているが、右側が欠けている。これは彫刻の作者が1体目を製作した後に降りてしまったためという。内部ではP.ベルニーニによる《洗礼者ヨハネの像》、ドメニキーノによる《聖アンドレア伝》《福音史家》などを見ることができる。

→P.050-38

「トスカ」では、第1幕に登場する。

Palazzo di Venezia

ヴェネツィア宮殿
1464

初期ルネサンスのパラッツオ

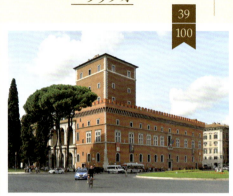

ヴェネツィア出身の教皇パウルス2世が枢機卿の時代に建てたもので、宮殿というよりは中世の要塞といったほうがふさわしい外観だが、中庭に入るとアーチとハーフ・コラムとを組み合わせた初期ルネサンスの回廊を見ることができる。

1940年に、ヴェネツィア広場を埋め尽くした群衆を前にムッソリーニが英仏に対する宣戦布告演説を行ったのは、玄関上に設けられたバルコニーからであった。ムッソリーニの執務室もこの建物に置かれていた。　→P.051-39

広場側のバルコニーでムッソリーニが演説を行った。

Palazzo Doria Pamphilj

ドーリア・パンフィーリ宮
15C

ヴェネツィア広場近くで美術鑑賞

ヴェネツィア広場から100mほどコルソ通りに入った左手に入口があり、通りから回廊に囲まれた中庭が見える。15世紀に建てられた邸宅に増築が重ねられて現在の規模となっている。

その一部が美術館として開放されており、15－18世紀をメインとしたコレクションは総数400点を超える。壁を埋めるように絵画が掛けられており、その密度に圧倒されて主要な作品を見落とさないようにしたい。

時間に余裕のない場合は、カラヴァッジョ《エジプトへの逃避途上の休息》、ヴェラスケス《インノケンティウス10世の肖像》、フィリッポ・リッピ《受胎告知》などをまず押さえた上で、気になった作品だけ足を止めて眺めるというのが現実的だろう。　→P.051-40

カラヴァッジョ《エジプトへの逃避途上の休息》は同《悔悛のマグダラのマリア》とともに「アルドブランディーニの間」にある。

CHAPTER.4

第4章｜ボルゲーゼ公園とその周辺
Villa Borghese

ボルゲーゼ公園はローマの中心部の北に位置し、80haと広大な面積をもつ。
緑豊かな敷地の中に神殿や遊園地、馬場など多様な施設がつくられているが、
いちばんの見どころは東端近くにある美術館。
ピンチアーナ門から入り直線で500mほどの距離にある。
このエリアはほかと比べて聖堂が少なめで、美術館、古代の浴場や宮殿のほか、
バロック期につくられた広場がいくつか含まれる。
ポポロ広場は、広場から放射状に延びる3本の道の始点に双子の教会があることなどから
ローマを舞台とした映画では必ずといっていいほど登場する。
ポポロ広場から600mの場所にあるのがスペイン広場で、今さら説明の必要もないほどの
観光名所だが、ドラマチックにつくられた空間はやはり一度は体験しておきたい。

P.074	サンタ・マリア・デッリ・アンジェリ聖堂	Santa Maria degli Angeli e dei Martiri
P.075	共和国広場	Piazza della Repubblica
P.075	ディオクレティアヌスの浴場跡	Terme di Diocleziano
P.076	ピア門	Porta Pia
P.077	モーゼの噴水	Fontana del Mosè
P.077	サンタ・スザンナ聖堂	Santa Susanna
P.078	サンタ・マリア・デッラ・ヴィットリア聖堂	Santa Maria della Vittoria
P.079	バルベリーニ宮	Palazzo Barberini
P.079	バルベリーニ広場	Piazza Barberini
P.080	カプチン派修道会博物館	Museo e Cripta dei Frati Cappuccini
P.080	サンタンドレア・デッレ・フラッテ聖堂	Sant'Andrea delle Fratte
P.081	ツッカリ邸	Palazzetto Zuccari
P.081	プロパガンダ・フィーデ伝道博物館	Museo Missionario di Propaganda Fide
P.082	ボルゲーゼ公園	Villa Borghese
P.083	国立近代美術館	Galleria Nazionale d'Arte Moderna e Contemporanea
P.084	ヴィラ・ジュリア	Villa Giulia
P.086	サンタ・マリア・デル・ポポロ聖堂	Santa Maria del Popolo
P.087	ピンチョの丘	Monte Pincio
P.087	ポポロ広場	Piazza del Popolo
P.088	スペイン広場	Piazza di Spagna
P.089	ミンニャネッリ広場	Piazza Mignanelli
P.089	アウグストゥス帝の廟	Mausoleo di Augusto
P.090	アラ・パチス	Ara Pacis

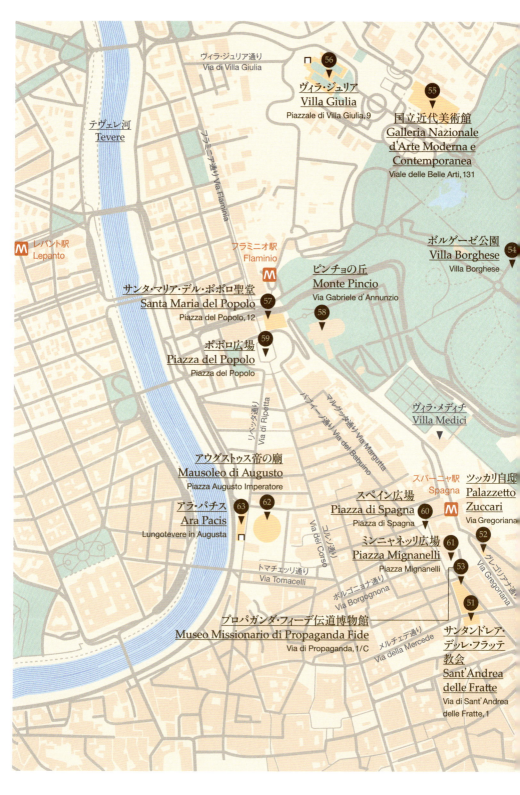

Santa Maria degli Angeli e dei Martiri

サンタ・マリア・デッリ・アンジェリ聖堂
16C

教会とは思えない廃墟のようなエントランスは共和国広場に面している。

古代にはカラカッラ浴場と規模を競ったディオクレティアヌスの浴場の跡につくられた聖堂。200mほど離れたサン・ベルナルド広場に面して立つサン・ベルナルド・アッレ・テルメ聖堂が浴場西端部の円筒状の空間を再利用したものだというから浴場の巨大さが知れる。廃墟の壁といった趣のエントランスは浴場のカルダリウム（高温浴室）の一部であった。先に進むと現れる巨大な空間はフリギダリウム（冷浴室）であった場所。古代にはこの交差ヴォールトの天井はモザイク画で華やかに飾られていた。
ミケランジェロが教皇ピウス4世の依頼を受けて浴場から教会へとコンヴァージョンしたが、18世紀に行われた改修で大幅に変えられている。

→P.073-41

巨大なスケールで驚かされる内部空間。

41/100

古代の浴場跡につくられた巨大聖堂

074

Piazza della Repubblica
共和国広場

古代浴場の痕跡をとどめる広場

広場の形が湾曲しているのはディオクレティアヌスの浴場のエクセドラ（半円形平面の空間）がこの広場まで張り出していたため。広場の中央にあるのは「ナイアディの泉」で、1901年に公開された際にはニンフたちの裸体像が物議をかもしたという。
左右対称につくられた建物の間から発するナツィオナーレ通りはそのまま真っ直ぐトラヤヌスの市場の裏手にまで続く。

→P.073-42

42/100

中央の道を真っ直ぐ進むとトラヤヌスの市場へと至る。

Terme di Diocleziano
ディオクレティアヌスの浴場跡
306

43/100

ローマ最大の浴場跡

現遺構から察することは難しいが、その規模はカラカッラ浴場よりも巨大で3000人を収容できたという。現在は、ローマ国立博物館が入り、南西側の部分はサンタ・マリア・デッリ・アンジェリ聖堂に転用されている。
裏手にはミケランジェロの回廊（ミケランジェロの関与は初期の計画段階のみ）があり、静穏な空気の漂う空間が歩き疲れた体を一時癒やしてくれるだろう。

→P.073-43

古代の円柱などが置かれた東側の庭園にも静穏な空気が流れる。

Porta Pia

ピア門
1564

> ミケランジェロ的
> "逸脱"を
> 愉しむ

門の中に見える建物は現在はベルサリエーリ（陸軍歩兵部隊）歴史博物館として使われている。

ミケランジェロ最晩年の設計で、3世紀に建設されたアウレリウス城壁の城門として建てられた。テルミニ駅前の広場から500mほど北を走る9月20日通りの北東側の突き当たりに位置する。依頼した教皇ピウス4世の名からネーミングされている。

ミケランジェロは1520–30年代に手がけたフィレンツェのメディチ家礼拝堂によって、ルネサンスの古典的な語法に依拠しつつも逸脱するマニエリスム建築のパイオニアと位置づけられているが、この門もよく見ると奇妙なディテールが満載で、さらに熟練した逸脱の技を見ることができる。

中央の大きな破風に置かれた渦巻き模様の中心からは花綱飾りが垂れ下がり、その左右は円とアーチを組み合わせたデザインで、それがまた上部でも繰り返される。そのすぐ下の紋章を支える剣天使とその周囲の造形はファンタジー系ゲームから抜け出してきたかのようだ。

→P.073-44

Fontana del Mosè

モーゼの噴水
<small>1587</small>

<small>45/100</small>

凱旋門の形をした噴水

サン・ベルナルド広場に面しサンタ・マリア・デッラ・ヴィットリア聖堂の前に立つこの噴水は、1589年に教皇のシクストゥス5世によって再建された水道(アクア・フェリーチェ)の終着地点に建設された。
凱旋門の形をした噴水の中央にはモーゼ像が据えられている。ドメニコ・フォンターナの設計で、これと同様にアーチを連ねた噴水が兄弟のジョヴァンニによってジャニコロの丘につくられている(パオラの噴水)。　→P.073-45

角を生やした貫録十分のモーゼ像が中央に立つ。

<small>46/100</small>

Santa Susanna

サンタ・スザンナ聖堂
<small>15C</small>

古典的な安定感をもつバロック建築

1603年に完成した現在のファサードはベルニーニとボッロミーニを育てたカルロ・マデルノの設計。
イル・ジェズ聖堂ファサードからの影響が色濃いが、中央に向かって徐々に前にせり出し中央部分を強調するデザインはバロック期のもの。しかし、全体の印象としてはまだクラシックな落ち着きのようなものを感じさせる。　→P.073-46

イル・ジェズ型だが、初期バロックのデザインの特徴をもつファサード。

Santa Maria della Vittoria
サンタ・マリア・デッラ・ヴィットリア聖堂
17C

身廊からアプスを見る。

47/100

ベルニーニ《聖テレジアの法悦》。

ベルニーニの代表作に恍惚とする

天井画の周囲を天使たちの彫像が舞う。

建築と絵画、彫刻を一体化して空間をドラマ化するバロック聖堂。難解な表現を排して予備知識のない人間にも訴えかけるそのわかりやすさは、宗教改革に危機感を抱いたカトリックの取った戦略として大きな成功を収めた。カルロ・マデルノ設計によるこの教会もそのひとつである。

有名なベルニーニの彫刻《聖テレジアの法悦》(1646年)は、天から降り注ぐ光のもと天使のもつ矢で心臓を貫かれた聖テレジアの恍惚とした姿を表したものだが、この官能的なまでの表情が見る者へと直截的に訴えかけるのである。

建築より約半世紀後のものだが、天使たちが舞う身廊の天井も、建築、彫刻、絵画とが一体となって天上の世界をリアルに、そしてドラマチックに感触させる。

→P.073-47

Palazzo Barberini

バルベリーニ宮

17C

バルベリーニ家の教皇ウルバヌス8世の館として建てられた。カルロ・マデルノのもと、ベルニーニが助手についていたが、マデルノの死後、ベルニーニが完成させた。ボッロミーニも設計に参加している。

端正でフラットなファサードの佇まいはルネサンスを感じさせるが、平面や裏のファサードなどをはじめバロック的な要素がちりばめられている。

『ローマの休日』はオードリー・ヘプバーン演ずる王女がこのパラッツォに宿泊という設定だ。彼女が夜ここから抜け出す際に両サイドに階段を配した楕円形平面（バロック！）の空間を通るが、これは裏の庭園へと通ずる長い斜路の手前の1階中央にある。　→P.073-48

カラヴァッジョ、ラファエッロほかの絵画が収蔵・展示されている。現在は国立古典絵画館になっており、

ルネサンス的表情の裏にはバロックの楕円

48/100

Piazza Barberini

バルベリーニ広場

49/100

ベルニーニの噴水彫刻

西端でコルソ通りにぶつかるトリトーネ通りの出発点に位置する広場。東側にバルベリーニ宮がある。広場にあるトリトーネの泉の彫刻はベルニーニの作。トリトーネ（海神トリトン）が載った貝殻の下には蜂を使ったバルベリーニ家の紋章を見ることができる。

広場からヴェネト通りを少し北へ進んだ角には同じく貝殻と蜂を組み合わせた「蜂の噴水」がある。こちらもベルニーニの作である。　→P.073-49

ベルニーニはナヴォーナ広場やスペイン広場でも噴水彫刻を手がけている。

Museo e Cripta dei Frati Cappuccini

カプチン派修道会博物館

50/100

地下墓地には修道士の遺骨4000体

「蜂の噴水」をさらに50mほどヴェネト通りを北に進んだ場所に立ち、現在は博物館になっている。教皇ウルバヌス8世の甥で、カプチン派の枢機卿であったアントニオ・バルベリーニが建てた。地下墓地に納められた4000体ものカプチン派の修道士の遺骨が、ワイヤーでつながれて壁や天井を飾っている。そのため、骸骨寺とも呼ばれるという。

→P.073-50

Sant'Andrea delle Fratte

サンタンドレア・デッレ・フラッテ聖堂

17C

ベルニーニの天使像とボッロミーニの鐘楼

51/100

交差部に置かれた天使像はベルニーニによるもの。

このヴォールト天井の身廊は正面階段を上った2階にある。

12世紀創建のこの聖堂は17世紀に現在の場所へと移されて再建された。ボッロミーニが鐘楼とドームを手がけている。
鐘楼は聖堂左脇の道の後方から見ることができるが、カリアティード(ただし、女性の像ではなくケルビムと思われる天使の像になっている)が深くえぐられたコーニスを支え、さらにその上には松明が置かれるといった風変わりなものだ。
内部では交差部にベルニーニによる2体の天使像が置かれている。元はサンタンジェロ橋に置かれていたものという。 →P.072-51

Palazzetto Zuccari

ツッカリ自邸
16C

見るほうも口あんぐりの怪物の家

画家・建築家のフェデリーコ・ツッカリ(1609年没)の自邸。ツッカリはイタリア、スペインなどで教会関係の絵や装飾の仕事を手がけたほか、イギリスでは女王や貴族たちの肖像画の制作を依頼されたという。

トリニタ・デイ・モンティ聖堂から南に下ったグレゴリアーナ通りにあるこの建物では、マニエリスムの奇想の精神が横溢(おういつ)。マンガチックな怪物が大きく口を開けた人を食ったデザインは、その両脇の開口でも反復されている。

→P.072-52

Museo Missionario di Propaganda Fide

プロパガンダ・フィーデ伝道博物館
17C

ボッロミーニらしい変化に富んだファサード

ヴァチカンの伝道の歴史を伝える博物館。西側のファサードはボッロミーニによるもの。フラットな壁面に陰影をつける工夫が随所に見られる。

中央のジャイアント・オーダーの柱の角度を振り、その上のコーニスもそれに合わせ凹型に変形させている。中央1・2階のオーダーとペディメントを対比的につくり、さらに2階窓のオーダーとペディメントを左右で交互に変化させるなどしている。こうしたデザイン操作は今からするとフラットな壁面を「空間化」する試みにも見える。

→P.072-53

不気味というよりユーモラスといったほうが適当なエントランスのデザイン。

2次元のデザインに徹したベルニーニによる北側ファサードと比べてみても面白い。

Villa Borghese
ボルゲーゼ公園

54/100

ローマ中心地の北側に位置するこの公園は約80haと広大。ポポロ広場やスペイン広場の東側、ピンチアーナ門などから入ることができる。17世紀はじめにシピオーネ・ボルゲーゼが別荘の庭園として造営したもので、この一帯は元々はぶどう畑であったという。

ボルゲーゼ家はシエナ出身の名家で、教皇パウルス5世(在位1605−1621)は同家の出身。シピオーネはこの教皇の甥で教皇から枢機卿に任ぜられた人物だった。

現在は古代のものを模した神殿のほかに動物園、遊園地なども楽しめるが、いちばんの見どころはなんといっても公園東端近くにあるボルゲーゼ美術館である。特に、17世紀の作品が充実し、カラヴァッジョ《果物籠と青年》、ベルニーニの代表的な彫刻作品など見逃せないものが多い。ラファエッロ、ティツィアーノらの16世紀の作品も充実している。

公園自体は元は幾何学的なデザインであったが、18世紀にイギリス風景式庭園に変えられた。「湖の庭園」は田舎の自然の中に人知れず残る古代の神殿といった風情で、あたかも古代のアルカディアに入り込んでしまったかのような感覚にとらわれるだろう。 →P.072-54

瀟洒な佇まいのボルゲーゼ公園。

古代のアルカディア（理想郷）を想わせる一湖の庭園

アウレリアヌス城壁の18の門のうちのひとつ、ピンチアーナ門。

ローマの中心地近くで
アートと自然を楽しむ

エントランスで巨大な円柱が迎えてくれる。

Galleria Nazionale d'Arte Moderna e Contemporanea

国立近代美術館
1911

55/100

イタリアの
近・現代美術を見る

ボルゲーゼ公園の西北に位置するこの美術館は新古典主義によるもの。エントランスにコリント式の双柱が4つ並ぶデザインで、この北側に立つイギリス・ローマ研究所とともに1911年の万国博覧会のために建てられたものだ。

19世紀以降のイタリアの絵画と彫刻のほか、モネやセザンヌなどのフランスの近代絵画も収蔵・展示している。左手に500mほど行くとヴィラ・ジュリアがあるのでこちらもぜひ訪れたい。

→P.072-55

Villa Giulia

ヴィラ・ジュリア
1555

56/100

ニンフェウムの空間。奥に見えるのが正面入口の建物。

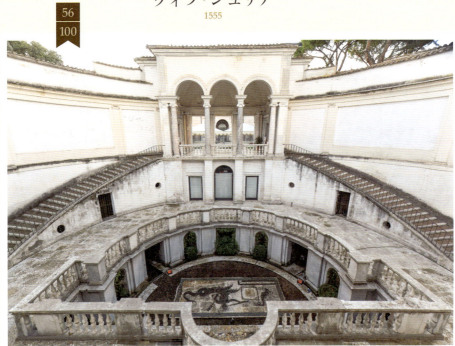

ニンフェウムを入口側から見る。

再現されたエトルリアの神殿。

エトルリア美術と奇想の空間を堪能する

ボルゲーゼ公園から西北に数百m。少し行きにくい場所にあるが、ほかでは味わえない建築空間でありぜひ訪れてみたい。

教皇ユリウス3世の別荘として建てられた建築は、ジャコモ・バロッツィ・ダ・ヴィニョーラにその多くを負っている。粗面仕上げの石を使用したエントランスから入って建物を抜けると、大きく湾曲した壁面に抱かれた中庭に出る。

さらに進むとニンフェウム（ニンフの神殿）がある。弧を描きながら下りる階段の下の空間の壁にはテヴェレ河の寓意像が2体置かれ、さらにその下層では4体のニンフ像が柱となり床を支えている。ファサードとはまったく異なる迫力ある奇想空間に不意を突かれる思いをもつ人は多いだろう。庭園の南側の一角には当時のものを再現したエトルリアの神殿が立っている。

ヴィラ・ジュリアは現在、前7世紀から前6世紀頃にもっとも栄え一時はローマも支配下に置いたエトルリアの美術・工芸品を収蔵・展示する博物館となっている。中でも《夫婦の陶棺》や《ヘラクレスと戦うアポロ》などは必見である。

→P.072-56

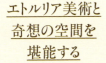

《夫婦の陶棺》。

ヴィラ・ジュリアには、エトルリアの美術・工芸品のコレクションで世界最大級を誇る博物館が入る。

Santa Maria del Popolo
サンタ・マリア・デル・ポポロ聖堂

15C

ポポロ広場に面して立つこの聖堂の創建は11世紀末にさかのぼる。教皇シクストゥス4世により15世紀に再建されるが、その後ブラマンテ、ラファエッロ、ベルニーニといった豪華なメンバーが建築や彫刻で参加している。初期ルネサンスの簡素なファサードは、フィレンツェのサンタ・マリア・ノヴェッラ聖堂の影響が指摘されているが、2層目の袖壁に渦巻き装飾は見られない。左手2つ目のキージ家礼拝堂はラファエッロが手がけたもので、ベルニーニの《獅子と預言者ダニエル》《預言者ハバスク》の2つの彫刻が置かれている。ドームのモザイク画はラファエッロが下絵を描いたものという。

左手の側廊の突き当たりにあるチェラージ礼拝堂では《聖パオロの改宗》などカラヴァッジョの2作品が見られる。アプスはブラマンテが設計をしている。　→P.072-57

57/100

ラファエッロ、ベルニーニ…、豪華メンバーの競演

Monte Pincio
ピンチョの丘

ローマには近代的な高層タワーがないため、市内を見渡したい時は、パラティーノの丘やカピトリーノの丘など見晴らしのいい場所に登って眺めることになるが、ボルゲーゼ公園の西端部分にあるピンチョの丘もそのひとつ。
古くは紀元前202年のザマの戦いでカルタゴの将軍ハンニバルを破ったスキピオ・アフリカヌスが居を構えたというこの丘が現在の姿になったのは19世紀初頭。先端に設けられたテラスからはカンポ・マルツィオからヴァチカンまでを一望できる。 →P.072-58

テラスからローマを見渡す

Piazza del Popolo
ポポロ広場

ここもローマの名所のひとつ

ポポロ広場から丘に設けられたテラスを見る。

オベリスクの前から双子の聖堂を見る。

アウグストゥスがエジプトから運ばせた前13世紀のオベリスクの前に立って南を向くと3本の道が放射状に延びている。このようにコルソ通りの両側に道を2本通す計画の発案者はラファエッロとされるが、実現はバロック期になってから。

カルロ・ライナルディによって17世紀にこの3本の道の始点部分に双子の聖堂が建てられるが、この2つの聖堂を映画でよく見かけるのは、意図されたように"絵になる"からだろう。『建築家の腹』のローマでのシーンはこの2つの聖堂をとらえたショットで始まる。 →P.072-59

087

60/100

Piazza di Spagna
スペイン広場

ボロ船が流れ着いたドラマチックな都市空間

『ローマの休日』でオードリー・ヘプバーンがジェラートを食べていた階段のあるところ、などと野暮な説明を加えるまでもなく、ローマといえばまず最初に思い浮かべる名所のひとつだろう。

ベルニーニが手がけた「バルカッチャの泉」から丘の上に立つトリニタ・デイ・モンティ聖堂にまで視線を通して都市空間をドラマチックに演出するつくりはいかにもバロック的だ。バルカッチャとはイタリア語でボロ船を意味し、テヴェレ河が氾濫した際にここまで流れ着いた船がモデルになっているという。

スペイン広場の名は近くにスペイン大使館があったことから付けられている。階段下からだけではなく上の聖堂側からの眺めも楽しみたい。 →P.072-60

階段の上から見てもドラマチック。

「バルカッチャの泉」の船の先端部にはバルベリーニ家の紋章が付いている。

Piazza Mignanelli
ミンニャネッリ広場

旧約聖書の登場人物が マリア像の周りを固める

61/100

この広場には「処女懐胎の柱」が立ち、その頂部にはマリアの像が載る。コリント式の円柱は古代のもので、その台座の周りを4つの彫刻が囲んでいる。
作者がそれぞれ異なる4体は十戒(じっかい)を手にしたモーゼから時計回りに預言者エゼキエル、預言者イザヤ、ダヴィデ王という旧約聖書にちなんだ人物たちで、それぞれが芝居がかったポーズを決め込んでいる。 →P.072-61

頭に角のあるモーゼ像をよく見かけるが、この角、誤訳から生じたとする説とモーゼの顔が光り輝くのを示しているとする説がある。

Mausoleo di Augusto
アウグストゥス帝の廟
B.C.1C

62/100

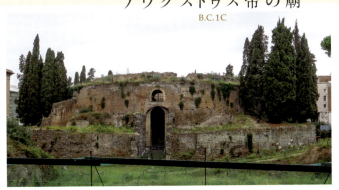

今も円形の遺構の周囲に糸杉が立つ。

ローマの初代皇帝が眠る

この皇帝廟は、アウグストゥスがまだ30代半ばの頃に建設を始めたもので、研究から想定されたその姿は、基壇の上に円形平面が階段状に3段重ねられていたというもの。一番下の部分で直径が90mほどあり白大理石で覆われていたという。各段に糸杉が植えられ、最頂部にはアウグストゥスの像が立っていた。虚弱体質で具合が悪いときは立ち上がることさえ難しかったともいわれるアウグストゥスだが、意外にも長生きして、亡くなったのは建設開始から40年以上を経た、後14年の8月であった。 →P.072-62

Ara Pacis

アラ・パチス

B.C.1C

63/100

パクス・ロマーナの記念碑

アラ・パチス（平和の祭壇）はアウグストゥスの時代に到来した「パクス・ロマーナ（ローマの平和）」のシンボルとして前10年頃に完成した祭壇である。コルソ通り（旧フラミニア街道）沿いの敷地にあったが、現在はテヴェレ河脇のリチャード・マイヤーによる白い現代建築の中に収まっている。

1階の大ホールはこの祭壇のみの展示。グリッド状の天井をもつ現代建築に意外にもしっくりとはまっている。

白いモダンな建物はリチャード・マイヤーの設計。

この祭壇は発掘された断片や各地の博物館の収蔵品などから復元されたもので、アウグストゥスの由緒正しい血筋を証するように、入口右側の壁にはアフロディーテ（ウェヌス）の子であったアエネアスとその息子のユルス（アウグストゥスを養子にしたカエサルの出身であるユリウス一門の祖とされる）のレリーフが掲げられている。そのまま右に回った壁には、アウグストゥスの一族が彫り込まれていて、彼の右腕かつ婿であったアグリッパの姿も見える。

欠損部分はあるものの、オリジナルにかなり近い状態にまで復元された古代の祭壇をその中心に据えた大空間には厳粛な空気が漂う。

→P.072-63

CHAPTER.5

第 5 章 | ヴァチカンとその周辺
Vaticani

このエリアのメインはサン・ピエトロ大聖堂とヴァチカン美術館。
世界中から、観光客だけでなく信者も訪れるこの場所は、
向かう道からすでに混雑するほどなので時間は十分余裕をもって向かいたい。
美術館はオンラインで予約をしておくとほとんど待たずに入場できる。
すべてを見て回るには時間が相当かかるので
見るべき場所は事前にすべて押さえておきたい。
大聖堂ー美術館間は700m近くあり移動に意外と時間がかかる。
時間帯によっては城壁に沿って入場待ちの長い列ができている。
サンタンジェロ城へは大聖堂の正面の道を真っ直ぐ歩く。
ベルニーニの天使像のあった(現在のものはレプリカ)サンタンジェロ橋を渡ると
カンポ・マルツィオである。

P.094　サン・ピエトロ大聖堂　San Pietro
P.100　ヴァチカン美術館　Musei Vaticani
P.101　サンタンジェロ城　Castel Sant'Angelo
P.101　最高裁判所　Corte Suprema di Cassazione

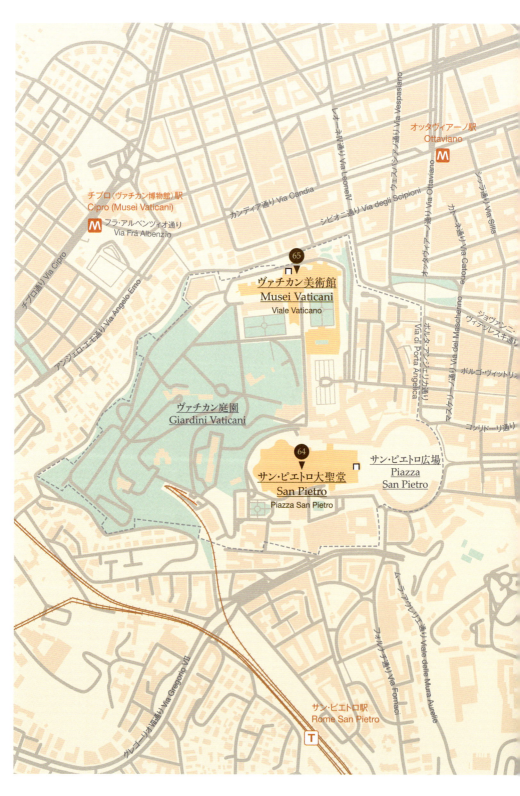

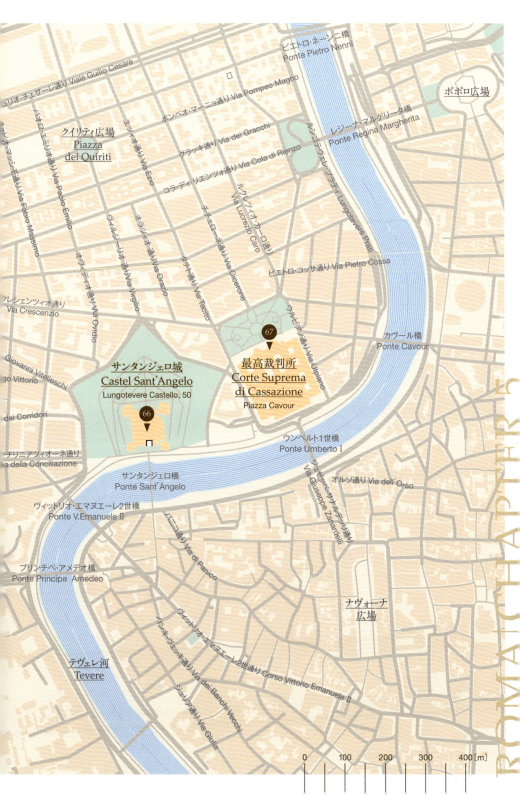

San Pietro

サン・ピエトロ大聖堂
1626

聖ペトロの墓の上に立つ
カトリックの総本山

サン・ピエトロとはイエスの一番弟子であった聖ペトロのことで、ペトロの墓所を祀る聖堂として建てられた。

創建は4世紀。現在の聖堂は再建されたもので、1626年の完成までに計画は二転三転する。教皇ユリウス2世の命により最初に設計に携わったのがブラマンテで、彼の案は正方形にギリシャ十字を組み合わせた集中式のプランで、交差部に半球ドームを載せるというものだった。

ブラマンテの死後、ラファエッロらに引き継がれるが、ドームとその周囲の部分をつくり上げたのはミケランジェロであった。彼はすでに建設された部分までつくり直してブラマンテと同じ集中式のプランに戻した。フィレンツェの大聖堂に触発されたという巨大ドームを支えるために壁を厚くし、プランもブラマンテのものよりシンプルなものに変更している。

64/100

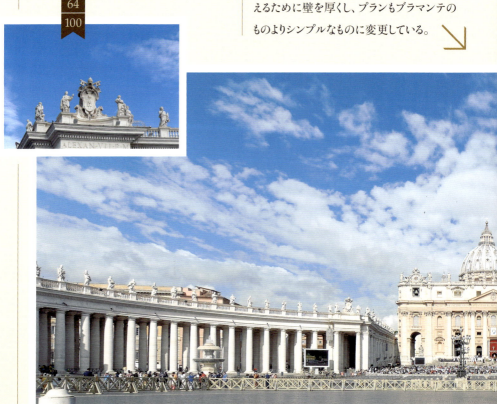

広場で行われるミサには多くの人が集まる。ミサの間は、聖堂は閉鎖されて見学はできない。

巨大なスケールで訪れる者を圧倒する大聖堂。建設のための巨費を調達するために売られた贖宥状(免罪符)が、ルターらによる宗教改革の引き金となった。広場からはミケランジェロ設計の聖堂部分はドーム以外は見ることができない。マデルノによる増築によって、

↘

現在目にするような姿になったのはバロック期に入ってからで、カルロ・マデルノが身廊とその両サイドの側廊部分を付加、ファサードもデザインした。さらに、聖堂前の広場を囲うように楕円状の巨大な柱廊をつくったのはベルニーニで、彼は聖堂内のバルダッキーノ（天蓋）や聖ペトロの司教座も手がけた。
内部では、ミケランジェロの《ピエタ》をはじめ、見るべき絵画・彫刻作品が多いが、巨大な空間のため見逃しのないよう事前にチェックをしておきたい。　　　→P.092-64

ベルニーニによるドリス式の柱廊。

広場の左手にある噴水はカルロ・フォンターナ作。
オベリスクはカリグラ帝がエジプトから運ばせたもの。

ファサードの設計はカルロ・マデルノ。広場の右手にある噴水も同じマデルノの作。

雨の日のサン・ピエトロ大聖堂。

聖堂の右手に立つ
教皇宮殿と
ヴァチカン美術館など。

ギリシャ十字の交差部の上に巨大ドームが載る。右の巨大柱のニッチに置かれている像はベルニーニ《聖ロンギヌス》。

ミケランジェロ《ピエタ》。入場してすぐ右手にあるが、眺めるのはガラス越し。

ブロンズ製の聖ペトロ像。バルダッキーノの手前の右手に置かれている。

アントーニオ・カノーヴァ《スチュアート家の墓碑》。

64/100

ラファエロ《キリストの変容》。

建築以外にもミケランジェロなど多くの見どころ

ベルニーニ作のバルダッキーノ（天蓋）を通して同じくベルニーニによる「聖ペトロの司教座（カテドラ・ペトリ）」を見る。

099

Musei Vaticani
ヴァチカン美術館

サン・ピエトロ大聖堂の北側に位置する。単体の美術館ではなく、美術館・博物館・ギャラリーと礼拝堂など10を超える施設からなる。16世紀に古代彫刻から始められたコレクションは、歴代の教皇によって収集が続けられて増え続け、18世紀後半にはピオ・クレメンティーノ美術館が成立。以降、次々に美術館などが増設されて現在に至っている。

古代(エジプト・ギリシャ・ローマ)の彫刻から現代の宗教美術まで幅広いコレクションを誇るが、館内は広く展示総数も多いことから、目星をつけてから回りたい。中でも、《ラオコーン》、《ベルヴェデーレのトルソ》、ラファエッロ《アテネの学堂》、ミケランジェロの《最後の審判》と「アダムの創造」などの天井画などは必見だろう。

この美術館の白眉といえるミケランジェロの《最後の審判》と天井画はシスティーナ礼拝堂にあるが、ここでの撮影は固く禁止されているので要注意。また、チケット購入の長い列に並ばないといけない場合が多いので、インターネットで予約購入した上で向かうのが賢明だ。

→P.092-65

ビーガ〈2頭立て戦車〉の間。

《アヌビスの像》。左手にヘルメスの杖をもっている。

65/100

ミケランジェロ
《最後の審判》を
見に行く!

《ベルヴェデーレのトルソ》。《ラオコーン》とともにミケランジェロが絶賛した。

ドームの天井はパンテオンを模したもの。円形の間。

66/100

Castel Sant'Angelo
サンタンジェロ城
139

城につくり変えられた皇帝廟

元々は5賢帝の1人、ハドリアヌス帝が自らの廟として建設を始め、次の皇帝アントニヌス・ピウスが完成させた建造物である。テヴェレ河左岸からそのまま向かえるようにアエリウス橋(サンタンジェロ橋)もつくられた。

教皇庁によりサンタンジェロ(聖天使)城へと変えられる前は、正方形平面の基壇の上にシリンダーが載り、そこから同心円状につくられた階段を上ると台座の上に4頭立ての戦車に乗ったハドリアヌス像が立っていたと想像されている。外壁は大理石で、現在の武骨なイメージとはだいぶ異なるものだったようだ。

→P.093-66

前の道を西へ向かうとヴァチカンに至る。

Corte Suprema di Cassazione
最高裁判所
1910

サンタンジェロ城の東隣りの敷地に立つ。ヴィットリオ・エマヌエーレ2世記念堂とほぼ同時期に建てられ、記念堂と同様に新国家の威厳を誇示するかのような重厚な面構えである。

ネオバロック様式のこの建物は、石造ではなく鉄筋コンクリートの軀体にトラヴァーチンという石材が張られている。ローマっ子には「Palazzaccio(醜いパラッツォ)」といういただけない綽名も付けられているそうだ。　→P.093-67

ファサードは重々しく、見ていて息苦しくなるほど。

ネオバロック様式の重厚なファサード

67/100

Column
[コラム]
スタンダールのイタリア、そしてローマ

スタンダールのイタリア愛

イタリア旅行記というと、数多く出版されている中で、まずはゲーテ(1749-1832)の『イタリア紀行』を思い浮かべる人が多いだろうか。ゲーテは1786年から88年にかけてのイタリアへの大旅行によってそれまでの長い沈滞からの再生を果たし、ふたたび芸術家としての自分を発見した、と自負するまでにいたる。

小説『赤と黒』(1830)の作者、スタンダール(1783-1842)もイタリア旅行記を出版しているが、ゲーテの旅行記が出版までに30年近くを要したためか感情を抑えた記述であるのに対して、熱烈なイタリア愛を吐露しているのが特徴的だ。フランスの思想家、ロラン・バルト(1915-80)は、その最後のテクストとされる「人はつねに愛するものについて語りそこなう」で、旅行記に見られるスタンダールのそのイタリア愛について書いている。

酔った、熱狂した、感動した

バルトによれば、イタリア旅行記においてスタンダールは「単に、そこに印象がある、私は酔った、熱狂した、感動した、目がくらんだ、等々というだけ」という。そして「スタンダールが思いのままにできるのは《美しい》という空虚な言葉だけ」と指摘する。だいぶ手厳しいが、しかし、スタンダールはのちにイタリアについて素晴らしい文章を書くことになる。『パルムの僧院』(1839)だ。バルトはそこではじめてイタリアについて「語られる印象と生み出される印象とが一致する」と記す。小説という形式を通して、旅行記ではできなかったイタリアの「印象の表現」に成功するのだ。

平たくいうなら、単に「〜は美しい」とだけ語っていたのが、その美しさを読者が体感できるほどの表現に達したということだろうか。そしてまた『パルムの僧院』に横溢するあの不思議な幸福感を読者がリアルに感触することができるのは、この境地に至ってはじめて可能になったということになるだろうか……。

スタンダールのローマ

スタンダールの旅行記は、邦訳で4冊出版されている。最後に出版された『ローマ散歩』(1829)は1827-28年のローマ滞在の後にガイド本を意図してまとめられ、他の3冊よりも分量的にだいぶ多くなっている。ガイドを目指したため紹介は詳細で、スタンダールの高揚、熱狂ぶりはいく分抑え気味だが、バルトの指摘は(単純化と誇張はあるものの)この本でも当てはまるようだ。『イタリア日記(1811)』でコロッセオに感激して「涙を抑えられなかった」と記したスタンダールは、『ローマ散歩』でも「一度でも、地上のどんな所に、これほど多くの、しかもこんな風な華やかさが見られただろうか」と書く。

『赤と黒』を上梓するのはこの翌年で、『パルムの僧院』は10年後。バルトのいう「印象の表現」に到達するまでにはまだ間があるが、その熱い筆致はまずはローマを体験してみたいと思わせるに十分だ。何事も"感化"されることから始まるとするなら、まずはローマを体験するにしくはない。そして、スタンダールが"感化"された2世紀前と同様、ローマがいまだ触媒としての活力を失っていないことを、実際のローマ体験では確認することになるだろう。

CHAPTER.6

第 6 章 | トラステヴェレとその周辺
Trastevere

トラステヴェレ地区はテヴェレ河の右岸に位置し、
左岸の中心地に比べると庶民的でゆったりとした時間が流れるエリアである。
まず押さえておきたいのはブラマンテによる
サンタ・ピエトロ・イン・モントーリオ聖堂のテンピエットだ。
丘の上に位置し、行きにくい場所にあり徒歩だと距離の割に時間がかかる。
テンピエットへの入口は聖堂の右手にある。
ここからさらに丘を登るとパオラの泉があり、ローマ市内を広く見渡すことができる。
パラティーノ橋を渡ると、近くに「真実の口」のある
サンタ・マリア・イン・コスメディン聖堂がある。
同橋の上流に架かるチェスティオ橋を渡るとカンポ・マルツィオで、
近くにはスパーダ宮とファルネーゼ宮がある。

P.106　サン・ピエトロ・イン・モントーリオ聖堂テンピエット｜Tempietto di San Pietro in Montorio
P.107　パオラの泉｜Fontana dell'Acqua Paola
P.107　ヴィラ・ファルネジーナ｜Villa Farnesina
P.108　サンタ・マリア・イン・トラステヴェレ聖堂｜Santa Maria in Trastevere
P.109　サン・フランチェスコ・ダッシージ・ア・リーパ聖堂｜San Francesco d'Assisi a Ripa
P.109　サンタ・サビーナ聖堂｜Santa Sabina
P.110　サンタ・チェチーリア・イン・トラステヴェレ聖堂｜Santa Cecilia in Trastevere
P.111　サンタ・マリア・イン・コスメディン聖堂｜Santa Maria in Cosmedin
P.111　ヘラクレスの神殿｜Tempio di Ercole Vincitore
P.112　マルケルス劇場｜Teatro di Marcello
P.113　サンタ・マリア・イン・カンピテッリ聖堂｜Santa Maria in Campitelli
P.113　ポルトゥヌスの神殿｜Tempio di Portuno
P.114　スパーダ宮｜Palazzo Spada
P.114　ファルネーゼ宮｜Palazzo Farnese

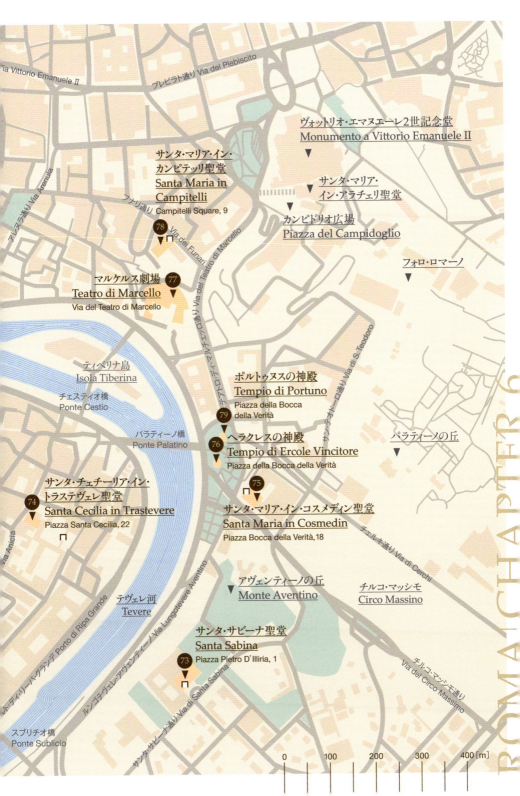

Tempietto di San Pietro in Montorio

サン・ピエトロ・イン・モントーリオ聖堂テンピエット

1502

ローマにおけるルネサンス建築の記念碑的建築。ドナト・ブラマンテ（1444–1514）はまず画家としてキャリアを開始し、ミラノで聖堂などの建設にかかわった後、ローマに移る。ローマの古代遺跡の調査を経た後のこのテンピエット（小聖堂）では、ミラノでの仕事とは変わり、円などの幾何学形態へと単純化された建築要素を単純な比例関係を使ってつくり上げている。

この地はペトロが磔（はりつけ）にされた場所とされ、平面は初期キリスト教建築で聖地などで建設されることが多かった円形の集中式を採用。ドリス式の円柱をめぐらせた柱廊の内側には円筒形の神室がある（この柱廊の直径とドーム下の神室部分の高さが同じで、かつ、この神室部分の立面は縦横比が2：1だという）。

周囲から孤立して立つが、計画では同心円の円形回廊がつくられるはずであった。ブラマンテはこのペトロ殉教（じゅんきょう）の地での記念碑建設の後、ペトロの墓のある地での計画（サン・ピエトロ大聖堂）に取りかかることになる（サン・ピエトロとはどちらも聖ペトロのこと）。　→P.104-68

ペトロ殉教地に立つブラマンテの金字塔

この中庭へは教会正面入口の右側壁面にある大きいほうのアーチから入る。

結婚式を準備中の聖堂身廊。

68/100

Fontana dell'Acqua Paola

パオラの泉
17C

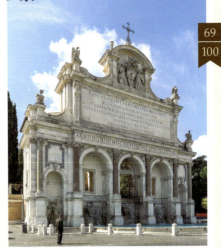

69/100

パノラミックな風景も楽しめる噴水

ジャニコロの丘に立つ噴水。モーゼの泉をつくったドメニコ・フォンターナの兄弟のジョヴァンニの設計。モーゼの泉と同様に凱旋門型のデザインだが、ここでは左右に小さめのアーチをもつ袖の部分を加えている。サン・ピエトロ・イン・モントーリオ聖堂からさらに丘を登った場所にあり、この泉の前からはローマ市街地の景色をパノラミックに見渡すことができる。

→P.104-69

噴水の前からはローマの街がパノラミックに望める。

Villa Farnesina

ヴィラ・ファルネジーナ
16C

70/100

右がラファエッロ《ガラテア》。

シエナ出身の銀行家アゴスティーノ・キージがペルッツィに依頼して建てたもの(16世紀末にファルネーゼ家の所有となった)。初期ルネサンス様式の外観にはキージの出身地を暗示するようにトスカナ式のピラスター(付柱)が2層にわたりめぐらされている。
現在は国立素描版画展示室が入り、「ガラテアのロッジア」ではラファエッロのフレスコ画を見ることができる。隣の「アモーレとプシケのロッジア」では華やかな天井のフレスコ画を楽しめる。2階には画家でもあったペルッツィが16世紀当時のローマの風景を開口部とともに描いただまし絵がある。

→P.104-70

テヴェレ河近くに立つ都市型ヴィラ

Santa Maria in Trastevere

サンタ・マリア・イン・トラステヴェレ聖堂
12C

18世紀の柱廊の背後にある建物は12世紀のもの。

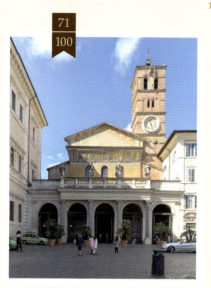

71/100

3世紀創建で、おそらくローマでもっとも古い聖堂であろうとされている。手前の柱廊は18世紀初頭に付け加えられたもので、欄干(らんかん)の上には4人の教皇像が載っている。その背後にある立面は12世紀のものでペディメント(破風)の下にはキリストを抱いた聖母などがモザイクで描かれている。鐘楼も12世紀のものだ。

内部では身廊の両サイドに古代の建物から転用された円柱が並ぶ。アプス上部のモザイク画も12世紀につくられ、聖母戴冠のシーンが描かれている。キリストと聖母の左右には聖ペトロら聖人たちとともにこの聖堂を再建した教皇インノケンティウス2世が並ぶ。 →P.104-71

ローマでもっとも古い聖堂

イオニア式、コリント式と円柱の様式が不統一な上、柱の長さ、太さ、色もバラバラなのは古代の建物から再利用しているため。

San Francesco d'Assisi a Ripa

サン・フランチェスコ・ダッシージ・ア・リーパ聖堂

17C

聖フランチェスコ滞在の地に立つ

創建は13世紀の前半。アッシジの聖フランチェスコが滞在した場所に建てられたという。現在の建物は17世紀後半に再建されたもの。

この聖堂を訪れる観光客の多くはベルニーニの彫刻がお目当てだ。《福者ルドヴィカ・アルベルトーニ》はベルニーニの晩年、70代の作品で、聖女の恍惚とした表情を、同じベルニーニのサンタ・マリア・デッラ・ヴィットリア聖堂の《聖テレジアの法悦》(こちらは40代の制作)のそれと比べてみても面白いだろう。　→P.104-72

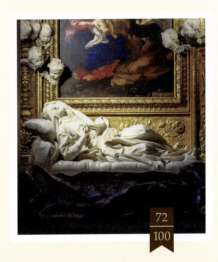

ベルニーニ70代の彫刻作品。

72/100

Santa Sabina

73/100

サンタ・サビーナ聖堂

5C

アヴェンティーノの丘の初期キリスト教建築

身廊から奥にアプスを見る。隣のサヴェッロ公園からは半円形に出っ張ったアプスを見ることができる。

アヴェンティーノの丘に立つバシリカ式の初期キリスト教建築。身廊の両サイドと高窓部分にアーチを連続させている。アーチを受ける柱はコリント式。

身廊の中央入口の扉とその上部のモザイクでつくられた奉献の碑文は5世紀のもので、木の扉には聖書から材を取ったエピソードが彫られている。キリストの磔刑を描いたものとしては最初期のもののひとつとされる。側廊の壁部分もこの聖堂の長い歴史を感じさせる。

→P.105-73

Santa Cecilia in Trastevere
サンタ・チェチーリア・イン・トラステヴェレ聖堂
9C

その名をいただいた聖チェチーリアとは230年に殉教した人物。この聖堂は、貴族であった彼女が夫と暮らした住居の跡地に9世紀に建てられた。その際にカタコンベ（地下の墓地）にあった彼女の遺体がこの地に移され埋葬された。

祭壇の下には聖チェチーリアの像が置かれているが、顔を伏せて横たわるこの像は1599年に彼女の墓を開けた際の姿勢そのままが殉教の際に受けた傷とともに再現されているという。バシリカ式の内部は18世紀に改修されたもので、鐘楼は12世紀建造のものである。地下礼拝堂には、彼女と夫の遺物が納められている。

→P.105-74

18世紀に改修された内部空間。

祭壇下の聖チェチーリアの像。

74/100

聖女の住居跡に立つ 9世紀の聖堂

背後の鐘楼は12世紀のもの。

Santa Maria in Cosmedin

サンタ・マリア・イン・コスメディン聖堂

6C

75/100

前面の柱廊と優雅な鐘楼は12世紀のもの。

「真実の口」のある8世紀の教会堂

前面の柱廊左手に「真実の口」がある。そのため、観光客の長い列に遭遇することがあるが、聖堂見学のみの場合は右側の扉から入ることができる。

古代に食料市場であった敷地に6世紀に創建された。8世紀と12世紀に手を加えられたが、ほぼ8世紀の姿をとどめている。鐘楼は12世紀の改築の際に加えられたものだ。サンタ・マリア・イン・トラステヴェレ聖堂と同じように、円柱は古代のものを再利用しているため形や大きさがバラバラである。

→P.105-75

サンタ・マリア・イン・コスメディン聖堂は通りを隔てて向かい側

Tempio di Ercole Vincitore

ヘラクレスの神殿

B.C.2C

大理石の柱が美しい前2世紀の神殿

76/100

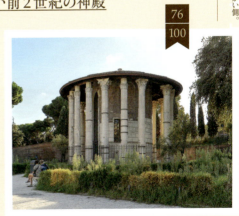

ブラマンテのサン・ピエトロ・イン・モントーリオ聖堂のテンピエット（小聖堂）にインスピレーションを与えたともいわれるこの神殿は、現在は梁より上の部分が失われている。大理石の建築としてはローマで最初期のものとされ、コリント式の細身の円柱のプロポーションが美しい。これまでしばしばウェスタの神殿と呼ばれてきたが、現在ではヘラクレスに献じられたものとされている。

→P.105-76

111

Teatro di Marcello

マルケルス劇場

B.C.1C

劇場はフラミニウス競技場に隣接していた。右のコリント式円柱はアポロ神殿のもの。

劇場の名は、皇帝アウグストゥスの甥（姉の子）でありまた婿であったマルケルスから付けられた。後継者としてアウグストゥスの期待を担ったマルケルスは20歳で早死にしてしまう。カエサルが計画したこの劇場はマルケルスの死の10年ほど後に完成するが、建設者ではない人物の名を冠するのは例外的で、マルケルスへのアウグストゥスの強い哀惜の思いが感じ取れる。

1万数千人を収容可能で白いトラヴァーチンで覆われていたという。ローマでは古代の建造物を利用して新築・増築した建築は多いが、この劇場も中世になると増築などを経て要塞や住居などに転用された。　→P.105-77

元は屋根のない劇場だったが、現在は増築部分がアパートなどに使われている。

77/100

住居に転用された古代の劇場

Santa Maria in Campitelli

サンタ・マリア・イン・カンピテッリ聖堂

1667

78/100

古代の神殿を想わせる バロック聖堂

ファサードは中央に行くにつれ前へとせり出すバロック様式。内部ではコリント式の円柱が林立している。それらの円柱は空間のスケールに対して数だけでなく大きさでも圧倒的だ。そしてそこにドームから明るい日差しが降りてくる。古代ローマの神殿を想わせる空間演出といえようか。

設計はバロック期の代表的建築家の1人、カルロ・ライナルディ（1611−1691）。身廊の両サイドに設けられた礼拝堂では、セバスティアーノ・コンカやバチッチャらの絵画を見ることができる。

→P.105-78

サンティ・ヴィチェンツォ・エ・アナスターシオ聖堂と同様に中央に向かってせり出すファサード。

Tempio di Portuno

ポルトゥヌスの神殿

B.C.2C

79/100

状態よく残る 共和政時代の神殿

ヘラクレスの神殿とともに共和政時代の建築で、フォロ・ボアリオと呼ばれた一画に立つ。フォルトゥーナの神殿とも呼ばれるが、港の守護神のポルトゥヌスを祀っていたものとされる（共和政の中期頃まではこの近くに荷揚げ港があったという）。正面に階段を据えた正面性の強いつくりはエトルリアの神殿からの影響で、以後のローマ建築に広く採り入れられていく。

→P.105-79

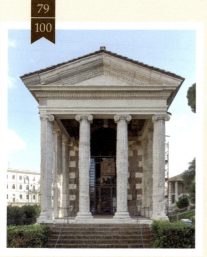

右奥にヘラクレスの神殿が見える。

Palazzo Spada

スパーダ宮
16C

80/100

ボッロミーニが
遠近法を活用した列柱廊も

ファサードに優美なスタッコ装飾を施されたこの建物にはスパーダ絵画館が入っており、スパーダ卿が集めたルーベンスやティツィアーノなどを見ることができる。

中庭に入って左手奥にはボッロミーニが手がけた列柱廊が見える。ボッロミーニはここで、ドリス式の円柱を左右に配した空間を奥に進むにつれて左右天地ともに圧縮。遠近法の効果により空間を実際よりも奥深く見せている。

→P.104-80

中庭でも優美なスタッコ装飾と彫刻を見ることができる。

Palazzo Farnese

ファルネーゼ宮
16C

81/100

ファルネーゼ家は教皇パウルス3世のほか枢機卿を輩出した名家。このパラッツォはパウルス3世がアントニオ・ダ・サンガッロに設計を依頼していたものを、サンガッロの死後、サン・ピエトロ大聖堂と同様に、ミケランジェロが跡を引き継いだ。

ミケランジェロは2階まで建ち上がっていたこの建物の3階部分の階高を増し頂部のコーニスの部分にも変更を加えた。中庭側の壁面では風変わりなディテールを施し連続アーチのあった部分を壁で埋め込んでいる。

→P.104-81

ミケランジェロの手が加わったパラッツォ

現・フランス大使館。ミケランジェロはすでに出来上がっていた2階部分でも中央の開口を広げるなどの変更を加えた。

CHAPTER.7

第 7 章 ｜ コロッセオ、カラカッラ浴場ほか
Colosseo, Terme di Caracalla

ローマを代表する建築として、第一にコロッセオを挙げる人は多いだろう。
紹介される頻度も群を抜いて多いから
今さら新鮮な驚きを期待しない向きも多いかもしれないが、
2世紀前にスタンダールが「崇高」と評したコロッセオは、
現代において古代ローマ人がなしえた事業の壮大さを
肌で感じ取ることのできる数少ない遺構である。
外周の壁も南側は破壊などにより今はなくアレーナの床も残っていないが、
5万人以上の観衆が皇帝を迎えたときのざわめき、
グラディエイターたちの闘いを前にした熱狂を想像してみるのも一興だ。
カラカッラ浴場も壮麗な装飾の類は持ち去られて存在しないが、
こちらもその壮大さを肌で感じ取ることができるだろう。

P.118 ｜ コロッセオ ｜ Colosseo
P.120 ｜ サンティ・クアットロ・コロナーティ聖堂 ｜ Santi Quattro Coronati
P.121 ｜ サン・クレメンテ聖堂 ｜ San Clemente
P.121 ｜ スカラ・サンタ ｜ Scala Santa
P.122 ｜ サン・ジョヴァンニ・イン・ラテラーノ大聖堂 ｜ San Giovanni in Laterano
P.124 ｜ カラカッラ浴場 ｜ Terme di Caracalla
P.126 ｜ サン・ロレンツォ・フオーリ・レ・ムーラ聖堂 ｜ San Lorenzo Fuori le Mura
P.128 ｜ サンタ・クローチェ・イン・ジェルザレンメ聖堂 ｜ Santa Croce in Gerusalemme

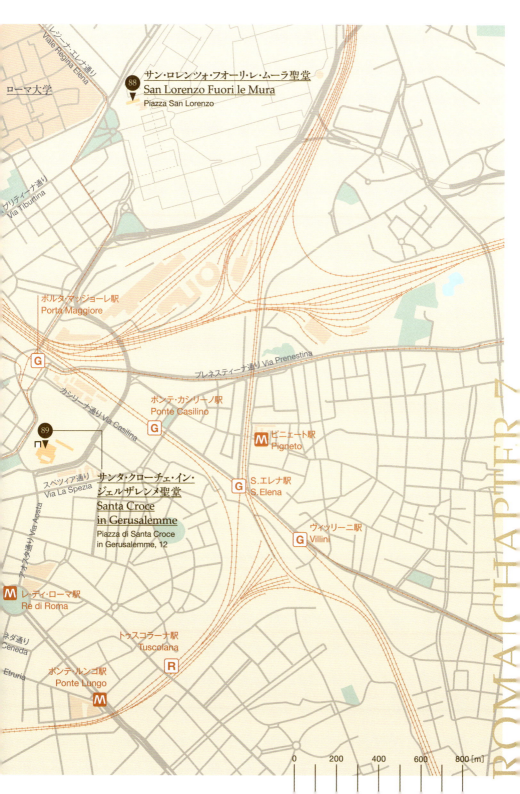

Colosseo

コロッセオ
80

グラディエイターたちが闘ったローマ帝国最大の闘技場

正式の名称はフラウィウス円形闘技場。ネロの後に皇帝の座についたウェスパシアヌス帝の一門の名が付けられた。コロッセオの名は、この近くにネロの巨像（コロッスス）があったことから付けられたとされるが、その巨大さゆえの命名だったとする説もある。

ウェスパシアヌスが、ネロがドムス・アウレア（黄金宮殿）のためにつくった人工池の場所に計画・着工し、息子のティトゥスの時代に完成した。収容人数は立ち見も入れて5万人ほど。完成を祝う100日の間には映画などでおなじみのグラディエイター（剣闘士）たちによる闘技などのほか、アレーナに水を引いて模擬海戦も行われたという（この間に殺された猛獣は5000頭にも及んだとされる）。

アーチがつづく外周部分には下からドリス、イオニア、コリントの3様式のハーフ・コラムが付され、2、3層目のアーチの下には立像が置かれていた。4層目の開口の少し上に突起が見えるが、ここからコーニスを通って上へと突き出た木の支柱が天候により張られた天幕の起点となった。天幕を張る作業はローマ海軍の水兵が行ったという。

→P.116-82

中世以降、コロッセオは新たな建築をつくるための採石場と化し、外壁に張られていた大理石は現在ではすべて失われている。

席は階級別に割り振られていて、入場の際には番号によって場所を指定したカード（テセラ）が渡されたという。

82/100

アレーナの下には昇降機が仕込まれていて猛獣たちを上のアレーナへと運んだ。

Santi Quattro Coronati
サンティ・クアットロ・コロナーティ聖堂

歴史を感じさせる外観は教会とは思えないつくりだが、簡素ながら見どころをいくつかもつ。

聖堂は12世紀の再建時にかつての身廊が3分割されて側廊がつくられた。そのため、オリジナルのままのアプス（後陣）に対して身廊、側廊が不釣り合いな大きさになっているが、簡素な佇まいが詩的な情趣をもたらしている。左側の側廊には13世紀につくられたキオストロ（回廊）への入口がある。こちらも簡素なつくりで中庭には瞑想にふさわしい静けさが漂う。

聖堂に入る手前の右側にはシルヴェストロの祈禱堂への入口があるが、この祈禱堂では、コンスタンティヌス帝が教皇のシルヴェストロ1世の前にひざまずくシーンなどが描かれた13世紀のフレスコ画を見ることができる。

→P.116-83

83/100

身廊では上下2層にアーチが連なる。床はコスマーティ様式のモザイク。

13世紀につくられたキオストロ。

キオストロと祈禱堂も必見

San Clemente

サン・クレメンテ聖堂
12C

歴史が折り重なるローマを実感

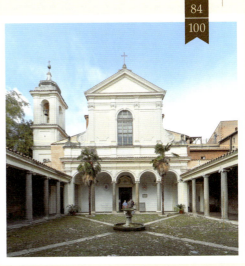

アトリウムが現在も残る数少ない聖堂のひとつ。12世紀に建てられたものだが、その下に4世紀の聖堂、さらに下層には1-3世紀に建てられた建物がある。

地下約18mほどの場所に位置する最下層の建物の庭には2世紀末頃につくられたミトラ教の神殿があり、4世紀の聖堂とともに階段で下りて見ることができる。地上の聖堂では、アプス（後陣）の金色に輝くモザイク画は見落とせない。
→P.116-84

12世紀につくられたアトリウム空間。ファサードは18世紀に手が加えられている。

Scala Santa

スカラ・サンタ

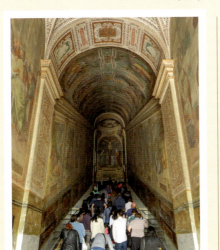

ひざまずきお祈りをしながら上っていく。

ひざまずいたまま上る 聖なる階段

スカラ・サンタ（聖なる階段）は、イエスを処刑した属州ユダヤの総督ピラトの屋敷からコンスタンティヌス帝の母ヘレナが移設させたものとされている。

イエスが裁判の際に歩いた聖なる階段であり、歩いて（踏んで）は上れないためひざまずいたまま28段の階段を上る。しかし、実際にはだいぶ後になってからつくられたもののようだ。
→P.116-85

San Giovanni in Laterano
サン・ジョヴァンニ・イン・ラテラーノ大聖堂

4大聖堂のひとつで、14世紀に教皇がアヴィニョンに移るまで聖座(使徒座)が置かれていた。その後、17世紀に教皇インノケンティウス10世が2度の火災に遭い荒れ果てていた聖堂の修復を決めた。

サン・ピエトロ大聖堂の計画でベルニーニからボッロミーニへと設計者を変更した教皇は、この聖堂でもボッロミーニに修復の仕事を委ねた。ボッロミーニは、身廊に並ぶ列柱を2本セットにしてその間に壁をつくりニッチを設置。ニッチにはそこから少し突き出すかたちでエディキュラ型の造形を設けて聖人たちの立像を納めた。

さらに、その左右に大きなピラスター(付柱)を配して身廊に並ぶアーチとのバランスを取っている。また、2つの側廊の高さを変えるなど

身廊部分のアーチと大きなピラスターが続く構成はボッロミーニによるもの。

86/100

4世紀創建の大聖堂、内部はバロック空間に改築

洗礼堂は5世紀の改築時に円形から八角形へと平面形が変えられている。

側廊から礼拝堂を見る。

の変更も行っている。

聖堂の西側にある八角形平面の洗礼堂は、コンスタンティヌス帝が洗礼を受けた場所につくられたといわれる。同帝により創建された後、5世紀に改築を受け、さらに17世紀にも手を加えられているが、以後、洗礼堂建築のモデルとされたものである。コスマーティ様式の捩れ柱の見られる13世紀の回廊（聖堂南側に位置する）も訪れてみたい。　→P.116-86

ジャイアント・オーダーが採用されたファサードは17世紀のアレッサンドロ・ガリレイによるデザイン。

左の主祭壇には、聖ペトロと聖パオロの頭蓋骨の一部が納められているという。

Terme di Caracalla
カラカッラ浴場
217

1600人以上を収容した古代の総合娯楽施設

現在では夏期にセットを組んでプッチーニやヴェルディの屋外オペラが催されるこの浴場は、カラカッラ帝の時代に完成した。

ディオクレティアヌスの浴場に次いで2番目の規模を誇るが、とにかく広大だ。約330×330m。収容人数は1600人以上だったといわれる。

カルダリウム（高温浴室）、テピダリウム（微温浴室）、フリギダリウム（冷浴室）、プール、ジムのほ

プールのあった場所からフリギダリウムがあった方向を見る。

手前と奥に噴水が置かれその中央部分にフリギダリウムがあった。

87/100

床のところどころに当時のモザイクが残っている。

か、浴場施設としては意外なもの――美術館や図書室、会議室のような施設――も併設され、総合娯楽施設のようなものだった。ゲルマン人の侵入などにより水道などの都市機能が維持できなくなると、ほかの古代遺跡と同様に採石場と化して、軀体部分だけを残す現在の姿となった。浴場を飾っていた彫像や噴水なども持ち去られた。ファルネーゼ宮の前に置かれた噴水もそのひとつで、ナポリ考古学博物館にある《ファルネーゼのヘラクレス》《ファルネーゼの雄牛》も元はこの浴場にあったものだそうだ。

→P.116-87

手前の部分にカルダリウムがあった。

San Lorenzo Fuori le Mura
サン・ロレンツォ・フオーリ・レ・ムーラ聖堂

内陣は6世紀に再建された建物の部分。

2つの聖堂が合体してできた7大聖堂のひとつ

地下墓所をつくるために持ち上げられた内陣。

ローマの7大聖堂のひとつに数えられるこの聖堂は、コンスタンティヌス帝によって330年に聖ロレンツォが埋葬された地に創建された。伝説によると、聖ロレンツォは258年に、炎の上の鉄格子に乗せられて焼かれ殉教したという。「こちらはよく焼けたからひっくり返しなさい」と処刑役の兵士に言ったとも伝えられる。

地下鉄のポリクリニコ駅で降りて大学都市を右手に見ながら800mほど歩いた正面に位置する現在の聖堂は、2つの聖堂が合体してできたもの。ひとつは6世紀に創建と同

イオニア式の柱の並ぶ正面柱廊は13世紀、聖堂の後ろに見える鐘楼は12世紀のもの。

じ地に規模を大きくして再建された建物で、もうひとつはこれに接して立っていた5世紀の聖堂で、8世紀から13世紀にかけてひとつになった。

身廊、側廊と高さの異なる内陣部分が6世紀に再建されたサン・ロレンツォ聖堂の部分で、左右に半地下と中2階をもつような構成は、地下墓所をつくるために持ち上げられたためという。

→ P.117-88

柱廊に置かれた石碑は彫刻家、ジャコモ・マンズーによるもの。

天井はなく木の小屋組みをそのまま見せている。床と説教壇、内陣奥に置かれた司教座はコスマーティ様式でつくられている。

88/100

Santa Croce in Gerusalemme
サンタ・クローチェ・イン・ジェルザレンメ聖堂

89/100

18世紀に建て替えられたファサードは特徴的な凹凸をもつバロック様式。

4大聖堂のひとつ、サン・ジョヴァンニ・イン・ラテラーノ聖堂の正面を走る道を500mほど歩いた場所にあり、3世紀建造のアウレリアヌス城壁の近く、当時のローマの周辺部につくられた。7大聖堂のひとつに数えられる。クローチェとは十字架（クロス）のことで、コンスタンティヌス帝の母ヘレナがエルサレムから持ち帰った十字架──イエスが磔刑に処せられたもの──の断片が聖遺物として祀られている。

320年に建設が始められた建物は、2度にわたり建て直され残っていないが、貴重な聖遺物として、十字架のほか、磔刑時の釘1本といばらの冠の棘2片などが左側のアプス（後陣）に収められている。

右側のアプスは聖ヘレナの礼拝堂と呼ばれ、ヘレナが持ち帰ったゴルゴダの丘の土の上に建てられたものという。ヴォールト天井に描かれた16世紀のモザイク画は中央で祝福するイエスが微笑むという珍しいものだ。

→ P.117-88

貴重な聖遺物が納まる
7大聖堂のひとつ

聖ヘレナの礼拝堂。

聖ヘレナの礼拝堂のヴォールト天井。

身廊から内陣を見る。

Column

[コラム]

ローマへ、愛を込めて——映画の中のローマ

『ローマの休日』のローマ

ローマを舞台にした映画の中からいくつか取り上げて紹介しよう。まずは定番といっていい『ローマの休日』から。ウィリアム・ワイラー監督、1953年の映画だ。手堅くまとめられたこの作品は、オードリー・ヘプバーンのキュートな魅力もあって意外に今でも気持ちよく観通すことができる。コロッセオ、スペイン階段、トレヴィの泉など観光名所は漏れなく押さえているが、あらためて観直してみると、ちょっと不思議なシーンにひっかかったりする面白さもある。

グレゴリー・ペックが道路脇のベンチで眠り込んだヘプバーンに気づき、通りかかったタクシーを止めて乗せるシーンがある。夜ではっきりしないが、その背後に見えるのは凱旋門のようだ。しかし、ローマで凱旋門のこんな間近を道路が走っているところなんてあったかしら？ もしかして、こんな大きな遺跡を見落としていた？

ローマを訪れた経験がある人なら、ふとこんな思いにとらわれることもあるだろう。そう、映画お得意のトリック（編集）で、さも遺跡の近くを道路が走っているように見せたのではないか？——しかし、件の大きな遺跡はセプティミウス・セウェルスの凱旋門で、夜の闇に紛れてはいたが背後には多くの遺跡群が控えていたのだ。フォロの端とはいえ、車道を凱旋門と神殿との間に通していたとは！——こんな細部に気づくのもそれぞれのシーンが丁寧に描き込まれているからだろう。ちなみに、王女（ヘプバーン）が宿泊しているのはバルベリーニ宮で、彼女が夜ここから抜け出すのにトラックに忍び込む場所は、裏の庭園へと通ずる長い斜路手前の、楕円平面の両サイドに階段を配した空間だ。映画ネタ満載の中年男2人の楽しいロードムービー『イタリアは呼んでいる』では、「『ローマの休日』のペックのアパートはこの通りにあった」というセリフがあるが、今でも映画と同じ番地に映画と同じ建物が実在する。

『ローマでアモーレ』のローマ

『007ロシアより愛をこめて（FROM RUSSIA WITH LOVE）』をもじったのかどうかはわからないが、「TO ROME WITH LOVE」という原題をもつウディ・アレンの2012年の映画『ローマでアモーレ』は、ファーストシーンをムッソリーニの演説で有名なヴェネツィア宮殿のバルコニーで静止させ、カンピドリオ広場から下りてきた登場人物の名がミケランジェロだったりとアレンらしい遊びを盛り込みながら、『ローマの休日』に負けじと名所を

『ローマの休日』では、王女（ヘプバーン）が夜のローマの街へと抜け出す際に、バルベリーニ宮のこの階段のある楕円空間でトラックに忍び込む。

次から次へと見せていく(ボルゲーゼ公園やヴィラ・デステ、ローマ水道まで登場する)。

お約束とばかりに精神分析ネタは相変わらずあるが、以前のような嫌味に感じるほどではなく、この映画の兄弟編といっていい『ミッドナイト・イン・パリ』と同じく古都への愛着、いや愛のようなものさえも、アレン流の捩れたユーモアに交じりながらも感じ取れる映画だ。

映像美で魅せるローマ

『ローマでアモーレ』のファーストシーンで登場するヴィットリオ・エマヌエーレ2世記念堂がメインの舞台となるのが、イギリスの映画監督ピーター・グリーナウェイの『建築家の腹』である。1988年公開のこの映画ではパンテオンが夜景で二度映し出されるが、『ローマの休日』『ローマでアモーレ』にはない独特の映像美で魅せる。撮影監督は、『去年マリエンバートで』を撮ったサッシャ・ヴィエルニーだ。

観る者をハッとさせる美しさでは『グレート・ビューティー／追憶のローマ』の冒頭のコロッセオも見逃せない。遺跡にキリンを立たせた幻想的なシーンはカラカッラ浴場で撮られたもので、ブラマンテのテンピエットも印象的なシーンで登場する。

歴史大作でのローマ

コロッセオをクライマックスシーンで登場させたのはリドリー・スコット監督の2000年の映画『グラディエイター』だ。CGI技術を駆使してコロッセオに加えローマの街までリアルに再現して驚かせたが、『クレオパトラ』などの歴史大作を次々に送り出していた50－60年代のハリウッド映画ではもちろんそんな技術は存在せずオープンセットが組まれた。たとえばアンソニー・マンが監督した1964年の『ローマ帝国の滅亡』ではフォロ・ロマーノを壮大なスケールで再現していて、CGの人工的なリアルさとは異なる迫力で圧倒する。

スタンリー・キューブリックが監督をつとめた『スパルタカス』では、ローマが主要な舞台ではなかったためかフォロ・ロマーノの描写はいい加減なものだったが、『ローマ帝国の滅亡』は歴史的な研究成果も踏まえていて、あれが何々神殿などと確認する楽しみも提供してくれる。ワイラーの『ベン・ハー』も、ローマのシーンは多くないが、有名な戦車競走のシーンなどローマで行われていただろうものを驚くべき臨場感で感触させてくれるだろう。

変わり種映画でのローマ

最後に、少し変わった映画を何本か紹介しよう。M.アントニオーニ監督の『太陽はひとりぼっち』では、ローマ郊外のEUR地区の住宅地が映し出され、現代の愛の不毛と人工的に急造された郊外の寄る辺ない風景とが不思議に共振し合う。『歴史の授業』は前衛的な作風で知られるストローブ＝ユイレの作品。ブレヒトの小説を原作にローマ市内を車で移動するシーンとカエサルを知る古代の人物たちへのインタビューシーンを交互に映し出すというものだ。

エットーレ・スコラ監督の『特別な1日』は社会全体がファシズムへと傾斜する中で疎外感を募らせた男女(M.マストロヤンニとS.ローレン)の思いが交錯し1日限りの愛を育む様が描かれるが、ラストまでのすべてのシーンが2人が暮らす集合住宅内で撮られ、映画は一度もローマの街を映し出すことなく終わる。舞台となったのはマリオ・デ・レンツィ設計の1937年竣工の集合住宅で、テルミニ駅から2kmほど離れた場所に今も立っている。

CHAPTER.8

第8章 | ローマ郊外
Periferia di ROMA

近・現代の建築にも興味のある人におすすめのエリアが
ローマ中心地から比較的近距離で2つ存在する。
まずは北側にザハ・ハディドやレンゾ・ピアノらの建築が3つ。
美術展やコンサートも楽しめるのでイベント情報は事前チェックしておきたい。
ポポロ広場からのトラムが便利だ。
逆の南側にはムッソリーニがつくったEURがある。
地下鉄B線でコロッセオ駅から6駅目。
全体が古代と近代をミックスした特異な都市空間となっている。
必見は600mほどの距離で向かい合う会議場とイタリア文明宮。
周りには左右対称でつくられた建物が並ぶ。
サンタ・コンスタンツァ聖堂は、
円形平面を囲むヴォールト天井のモザイク画が美しく、
できれば訪れたい場所だ。

P.134 EURの会議場 Palazzo dei Ricevimenti e dei Congressi
P.135 イタリア文明宮 Palazzo della Civiltà Italiana
P.136 サン・パオロ・フオーリ・レ・ムーラ大聖堂 San Paolo Fuori le Mura
P.138 サンタ・コスタンツァ聖堂 Santa Costanza
P.139 サンタニェーゼ・フオーリ・レ・ムーラ聖堂 Sant'Agnese Fuori le Mura
P.139 サン・セバスティアーノ聖堂 San Sebastiano
P.140 国立21世紀美術館 Museo Nazionale delle Arti del XXI Secolo
P.141 パラッツェット・デッロ・スポルト Palazzetto dello Sport
P.142 オーディトリウム・パルコ・デッラ・ムジカ Auditorium Parco della Musica

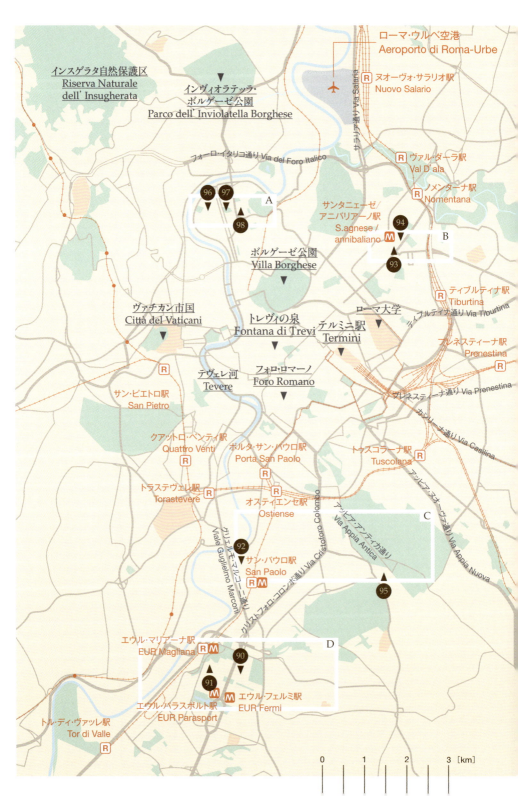

Palazzo dei Ricevimenti e dei Congressi

EURの会議場
1954

ローマ郊外のEUR（エウル）に立つ。EURとは、1942年に開催予定であった「ローマ万国博覧会」の略称で、この会議場はムッソリーニによって計画されたファシスト都市を東西に貫くメインストリートの東端に、イタリア文明宮と相対して建てられた。設計はアダルベルト・リベラ。第2次世界大戦のため未完成だったものが、1954年に完成した。

白大理石で覆われたこの建物に載ったキューブの部分は巨大なレセプションホールで、この背後にオーディトリアムがつくられている。

ベルナルド・ベルトルッチ監督はこのホールの巨大なヴォイド空間を『暗殺の森』で登場させている（さらに別のシーンでは屋上につくられた屋外劇場を登場させている）。

リベラの建築は立方体や円などの単純な幾何学にまで還元された形態と合理的な構造システムの両立を特徴とする。同じリベラ設計のマラパルテ邸がゴダールの映画『軽蔑』のメインの舞台として登場するが、地中海に対峙（たいじ）するように立つこの住宅も、屋上へと至る階段以外には何もないといっていいほどの形態にまで還元された建築であった。

→P.133-90

90/100

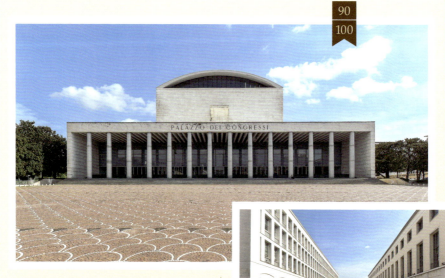

初期のプランでは、リング状平面の内側に扇形の会議場が置かれていたが、実現案ではプランに曲線的な要素はまったく残っていない。

左右対称につくられた建築の奥に見える。

古典と近代が出会った白亜の会議場

134

Palazzo della Civiltà Italiana

イタリア文明宮
20C

壁面をアーチで埋めた四角いコロッセオ

リベラ設計の会議場と700mほど隔てて向き合うこの建物には2015年よりファッションブランドのフェンディの本社が入っている。労働文明宮とも呼ばれ、ラ・パドゥーラとグエッリーニ、ロマーノの3人によって設計され、戦争による中断の後、1950年代初頭に完成した。四角いコロッセオといわれるように、ファサードは4面ともにコロッセオと同様アーチをめぐらせ、1階の部分にだけアーチの真下に彫像を置いている。

ファサードのアーチの内側にまたアーチをめぐらせてそれをオフィス空間などの開口部としている。この内外2つのアーチの間につくられた吹き放しの廊下の天井はロマネスクの聖堂などで見られる交差ヴォールトになっている。

アナクロニズム（時代錯誤）は紛れもなく、また誇大妄想的なファシスト建築のもつ空疎な印象も否めないが、不思議な強度をもって見る者に迫る建築だ。

オムニバス映画『ボッカチオ'70』でフェリーニが監督した「アントニオ博士の誘惑」には、巨大な看板から抜け出した巨大美女（アニタ・エクバーグ）がEURの街を闊歩するシーンがあるが、会議場とともにこの文明宮も映し出される。博士の妄想と時代外れの古代への妄想が、フェリーニの目論見通り違和感なく共振し合っていた。

→P.133-91

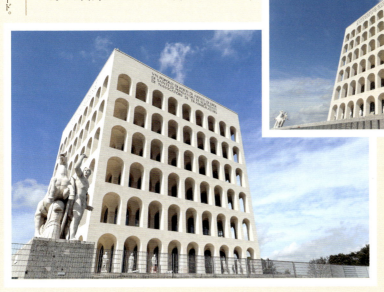

San Paolo Fuori le Mura
サン・パオロ・フオーリ・レ・ムーラ大聖堂
19C

北側ファサード。

サン・ピエトロ、サンタ・マリア・マッジョーレ、サン・ジョヴァンニ・イン・ラテラーノ、サン・ロレンツォ・フオーリ・レ・ムーラとともにローマの5大聖堂のひとつ。

聖パウロの墓を祀る聖堂としてコンスタンティヌス帝によってつくられ、4世紀の終わりに、テオドシウス帝によって大規模なものに再建された。

しかし、1823年、火災によって聖堂は一夜にして全焼に近い損害を受ける。再建された聖堂は1854年の奉献。つまり、現聖堂はほとんどが19世紀半ばに建て直されたもので、内外に描かれた聖人たちの絵が色鮮やかで年代を感じさせないのはそのためだ。

聖パウロの墓の上に立つ5大聖堂のひとつ

92/100

西側の正面ファサード。柱廊の上に見える金色に輝くモザイク画は19世紀のもの。

しかし、祭壇やアプス（後陣）の天井画は火災からの被害を免れたものという。それらとともに訪れたときに見逃せないのは翼廊の南側に位置するキオストロである。中庭をぐるりと囲んだ回廊の柱の一部にコスマーティ様式の装飾の施された捩り柱を配したこのキオストロは、ローマでもその有数の美しさで知られている。
→P.133-92

アプスの天井画。

奥のアプスの天井画は焼失を免れて残ったもの。

ローマで有数の美しさともいわれるキオストロ。コスマーティ様式の捩り柱の脚元を見ると猫のような造形が見られる。

Santa Costanza

サンタ・コスタンツァ聖堂
4C

アーチ天井は4世紀の美しいモザイクで埋められている。

美しいモザイクで飾られた集中形式の聖堂

サンタニェーゼ・フオーリ・レ・ムーラ聖堂と同じ敷地内に立つ。ファサードの佇まいは教会建築のようには見えないが、はじめコンスタンティヌス帝の娘の霊廟として4世紀に建てられ、礼拝堂として使われた後、13世紀に聖堂となった。

パンテオンと同様の円形平面で集中式といわれる。集中式の聖堂は、奥の祭壇に向かって強い方向性をもったバシリカ形式に比べ使い勝手が良くないため、この聖堂はその数少ない例のひとつとなっている。

内部は、円形平面の内側に同心円のもうひとつの円形平面をもつ構成。この2つの円を2本対の円柱とこの円柱が支えるアーチが仕切っている。その2本対となった円柱12組とアーチの上部にあるドームには12の高窓が設けられており、そこから落ちてきた光が中央から周囲へグラデーショナルに広がっていく。

内側の円をぐるりと囲むヴォールト天井は美しいモザイクで埋められている。ニッチに描かれたモザイク画も見逃せない。　→P.133-93

93/100

サンタニェーゼ・フオーリ・レ・ムーラ聖堂と同じ敷地の奥まった場所に位置する。

Sant'Agnese Fuori le Mura

サンタニェーゼ・フオーリ・レ・ムーラ聖堂
4C

ファサードもとても素朴な佇まい。

94 / 100

個人的な恨みを買って13歳で殉教させられた聖女アグネスの処刑場所に立つのがナヴォーナ広場のサンタニェーゼ・イン・アゴーネ聖堂。この聖堂は同じ聖アグネスが埋葬された場所に建てられた。

4世紀の創建でその後さまざまに手を加えられているが、当初のバシリカの形はそのまま残されているようだ。アプス（後陣）のモザイク画はビザンチン様式のもの。バロックの聖堂などを慣れた目からはその素朴さが魅力に感じられる聖堂である。

→P.133-94

聖女アグネスが眠る4世紀の聖堂

San Sebastiano

サン・セバスティアーノ聖堂
17C

4大聖堂に3つ加えたローマの7大聖堂というくくりでは、その3つのうちのひとつにこの聖堂が入る。ペトロとパウロの遺体がこの地下墓地に一時期埋葬されていたと伝えられ、4世紀に同じ地に「使徒の聖堂」が建てられた。その後、ディオクレティアヌス帝による迫害に遭って殉教した聖セバスティアヌスがここに埋葬されると、聖堂の名前も変更された。建物は17世紀に建て直されたもの。ベルニーニの最後の彫刻作品《サルヴァトール・ムンディ（救世主）》とベルニーニの弟子による《聖セバスティアヌス》を見ることができる。

→P.133-95

ベルニーニ最後の作品は
キリストの胸像

95 / 100

ベルニーニによるキリスト像は今でいうなら「超イケメン」。

Museo Nazionale delle Arti del XXI Secolo

国立21世紀美術館
2009

1階エントランスホール。

大胆な構成によるダイナミックな外観。

現代美術を見せる21世紀の先端建築

2020年の東京オリンピックのメインスタジアムとなる新国立競技場の設計案が国際コンペによって選ばれながら、当初よりも大幅な増大が見込まれる建設コストの問題などから再コンペとなり廃案となったのがイラク出身の建築家、ザハ・ハディドのデザインだった。さらなる活躍を期待されるさなかでの2016年3月の突然の死は、世界中で大きな驚きをもって迎えられた。

ロシア構成主義の影響が色濃く感じられる彼女の初期の先鋭的なデザインは1980年代から注目されていたが、実現が難しいことなどから建設されたものが少なく、長らく「アンビルトの女王」と呼ばれていた。しかし、建設技術などの進歩もあり21世紀に入り実現作が増えていく。

MAXXIとの呼称ももつこの美術館は、北京の銀河SOHOなどの流れるような有機的な形態を特徴とする作品よりも、建築的断片を自由に組み合わせた初期のドローイング群のほうに近い感触があり、ダイナミックで大胆な構成が大きなインパクトをもって見る者に迫る作品となっている。　→P.133-96

斜めの柱が動感を演出。

Palazzetto dello Sport
パラッツェット・デッロ・スポルト
1960

摩訶不思議な形態をしたスポーツ施設

ポポロ広場からトラムに乗り4つ目の停車所アポッロドーロで降りるとすぐ右手に見える。そのまま東に向かえばピアノのオーディトリウム・パルコ・デッラ・ムジカ、逆に西に向かえばザハの国立21世紀美術館がある。
地上に降り立ったUFOが甲殻類と合体したかのような外観は不思議な強度をもつ。

1960年のローマ・オリンピックのために建設されたもののひとつで、ピエール・ルイージ・ネルヴィの設計だ。
ネルヴィは1950−60年代を中心に活躍した構造設計家。鉄筋コンクリートの可能性を追求したネルヴィは、この建築では貝殻のように薄い屋根をコンクリートで実現した。内部では、この屋根を補強するために採用されたリブが美しい天井面をつくり出しているのを見ることができる。　→P.133-97

97/100

屋根を支えるY型の構造体が甲殻類の脚のようにも見える。

Auditorium Parco della Musica

オーディトリウム・パルコ・デッラ・ムジカ
2002

流線型を描く屋根面が関西国際空港旅客ターミナルビルと連なるともいえるが、その形態はむしろコガネムシのような昆虫を想わせる。手前は建設中に発見された古代の遺跡。

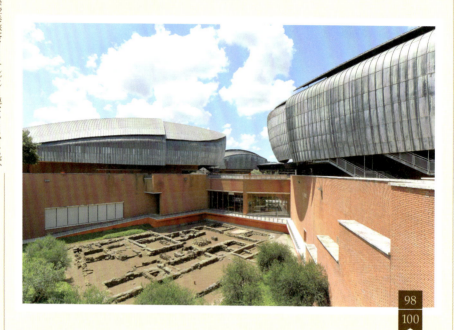

98/100

オリンピック跡地につくられた音楽公園

レンゾ・ピアノはイタリアを代表する建築家。リチャード・ロジャースとデザインしたパリのポンピドゥー・センターにより一躍注目される。その建築は世界各地で実現しており、日本でも関西国際空港旅客ターミナルビル、銀座メゾンエルメスがある。バイエラー財団美術館などの美術館建築も評価が高い。建設技術と建築素材を熟知した上でそれらをデザインと高度に連動させている点が特徴として挙げられる。

この建築は、3つのホールを中心につくられた音楽複合施設で、ホールのほかに、屋外劇場、録音スタジオ、美術展示のスペースなども併設されている。ローマ国際映画祭はここで開かれている。

周囲が公園として開放されており、移動するにつれて3つのホール建築の関係が徐々に変化していく様を眺めてみるのも一興である。ウディ・アレンが監督した2012年の映画『ローマでアモーレ』には、ホールに囲まれた屋外劇場でのシーンが収められている。

→P.133-98

CHAPTER.9

第 9 章 ｜ ティヴォリ
Tivoli

余裕をもった日程でないと難しいが、
できれば1日取ってティヴォリに向かいたい。
ローマからは30kmほどあり、旅行の中日あたりに行くと
気分転換にもなりリフレッシュしてローマの旅を続けられる。
バスの場合は、ヴィラ・デステ、ヴィラ・アドリアーナともに
地下鉄B線のポンテ・マンモロ駅のバスターミナルから乗車する。
デステは鉄道駅から徒歩15分ほどの距離。
本数は多くないがシャトルバスが駅から出ており、
ヴィラ・グレゴリアーナにも停まる。
デステとアドリアーナ間はバスで約10分ほど。
デステはチケット売り場で庭園の地図をもらって見て回るといいだろう。
アドリアーナは広大なため、
事前に見るべき場所を押さえてから見学することをおすすめする。

P.145 ｜ ヴィラ・アドリアーナ ｜ Villa Adriana
P.153 ｜ ヴィラ・デステ ｜ Villa d'Este

Villa Adriana
ヴィラ・アドリアーナ
2C

99/100

ハドリアヌス帝が想を凝らして
つくり上げたヴィラ

在位117-138年のハドリアヌス帝は5賢帝の1人に数えられる人物。ローマ帝国の版図を史上最大にまで広げた先帝トラヤヌスの拡大路線から、帝国の境界地域の安定への転換を図った。そのために在位中に二度の大視察旅行（最初は西方で121-125年、2度目は東方で128-134年）を行い、帝国防衛の強化につとめた。
118kmにも及んだイギリス北部の「ハドリアヌスの長城」はその一環としてつくられたものだ。

建築も多く手がけ、パンテオンの再建や、ウェヌスとローマ神殿などの建設を行ったが、ローマから30km近く離れたティヴォリで建設したこのヴィラはハドリアヌスを語る際には必ずといっていいほど言及される重要なものである。敷地面積が120haを超える広大なヴィラは、最初の視察旅行に出かける前の118年頃から構想を始め（あるいは着工し）、138年

ポイキレ。当時はこの大きな池を囲んで回廊がめぐっていた。

カノプス。この池はエジプトのカノプスにある運河から想を得たもの。

↙ 頃に完成したとされる。若い頃からギリシャ文化に傾倒、また芸術を愛好し自ら設計も手がけたハドリアヌスがこのヴィラで想を凝らして建てた建造物の数は30を超える。その種類も住居、各種パビリオンから、神殿、浴場、図書館、養魚池などまで多岐にわたる。1999年には、世界遺産に登録されている。

→P.144-99

カノプスの北側から見る。

カノプスの南端にある半円形ドームはエジプトのセラピス神殿から想を得たものといわれる。

148

カノプスの西側に並ぶカリアティード。

カノプス全体を見下ろす。

120haを超える敷地に 30以上の建造物が建てられた

大浴場を北東側から見下ろす。

ドリス式角柱のある広間（皇帝宮殿の一部）。

小浴場。

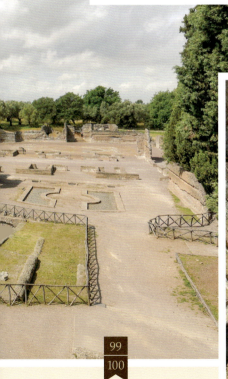

大浴場内部。

ギリシャ語図書館。

養魚池でも周囲を回廊がめぐっていた。

Villa d'Este

ヴィラ・デステ

ローマから東に30km近く離れたティヴォリの街の中心地に位置し、2001年に世界遺産に登録されている。

後期ルネサンス期を代表するこの庭園の建設は、エステ家の枢機卿イッポリト2世が教皇の座を争って敗れ、ティヴォリに引退したことを契機に始まる。設計は、建築家のピッロ・リゴーリオが指揮をとって行われた。1565年頃から本格的に工事が始められたが、イッポリトが亡くなった時点では未完成であったという。その後も手が加えられ、17世紀のはじめには、アレッサンドロ・デステのもとで大規模な改修が行われた。

現在、この庭園には、オルガンの噴水、楕円の噴水、百の噴水などをはじめ、噴水が500ほどあるといわれる。手入れの行き届いた庭園の中に、それぞれに趣向を凝らした噴水が散在する。マイナスイオンをたっぷりと浴びながら時間をかけて見て回りたい。

入口が道路から奥へと引っ込んだわかりにくい位置にあり、特に車で訪れる場合は、駐車スペースの確保も含め、注意が必要だ。

→P.144-100

眼下に素晴らしい景色がパノラミックに広がる。

イタリア一美しいとされる世界遺産の庭園

正面奥にネットゥーノの噴水とオルガンの噴水を見る。オルガンの噴水では水圧によってパイプオルガンが奏される。

庭園の東部に位置する楕円の噴水。

百の噴水。楕円の噴水の正面に位置する。

庭園の南側から北の方向を見る。

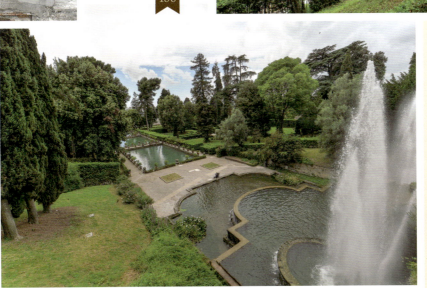

ネットゥーノ（ネプチューン）の噴水近くから見下ろす。

アルテミス(あるいは母なる自然)の噴水。北西の端に位置する。

メタの噴水。アルテミスの噴水の南側にある。

右がロメッタの噴水、正面がフローラの噴水。庭園の西南端に位置する。

Glossary

[用語解説]

アーチ
開口部などで上部が円弧状になった構造をいう。ゴシック建築ではアーチの中央部分が尖っている。

アトリウム
教会建築では、聖堂前の回廊に囲まれた前庭をいう。

アプス
後陣。聖堂の内陣奥で半円形に張り出した部分。

イオニア式
オーダーで円柱の頭の部分にヴォリュート(渦巻き模様)のあるもの。

ヴォールト
アーチをそのまま水平移動して連ねたような曲面天井。直角で交差させてできたものを交差ヴォールトという。

ヴォリュート
渦巻模様の装飾のこと。

エディキュラ
壁面につくられた祭壇状の部分をいい、上部にペディメント、左右に柱をもつ。

エンタブラチュア
オーダーの水平部分。上から、コーニス、フリーズ、アーキトレーブからなる。

オーダー
エンタブラチュアと呼ばれる水平部分とそれを支える円柱からなる。古代ギリシャに由来するドリス、イオニア、コリントの3つの様式に、古代ローマで、トスカナとコンポジット式が加わる。

キオストロ
修道院などで中庭を囲む回廊のこと。

ギリシャ十字
縦と横の長さが同じ十字。縦のほうが長いものはラテン十字という。

コーニス
エンタブラチュアのいちばん上の部分をいうが、壁の上部や軒の部分で突き出た水平帯として単独でも使われる。

コスマーティ様式
ローマの12−14世紀頃の聖堂の床や柱で見られる、大理石をモザイク状に使った装飾のものを指す。石工の一族の名に由来する。

コリント式
オーダーで円柱の頭の部分にアカンサスの葉のデザインを使ったもの。

コンポジット式
オーダーで柱頭の上部に渦巻模様を、下部にアカンサスの葉をデザインしたもの。

ジャイアント・オーダー
オーダーは基本的に1層で区切られるが、サン・ピエトロ大聖堂のファサードのように複数階を貫いて使用されたものをいう。

集中式
円形あるいは正多角形の平面をもつ建物。

身廊
聖堂で入口から祭壇へと向かう部分をいう。

側廊
身廊と平行してその両脇にある部分をいう。

トスカナ式
オーダーで、ドリス式と似た柱頭をもつが、柱には縦溝(フルーティング)がない。

ドーム
屋根の形のひとつで、「半球形をしたもの」と説明される場合が多いが、紡錘形のものやバロック聖堂で見られる楕円形平面のものもドームという。

トラヴァーチン
明るい色合いの多孔質の石材。

ドリス式
オーダーのひとつで柱頭に装飾をもたない。ギリシャでは柱に縦溝があるが、ローマでは縦溝なしのものつくられた。

内陣
聖堂身廊奥の祭壇の置かれる部分。

ニッチ
壁につくられたくぼみ。主に彫像などを置くためにつくられる。

ハーフ・コラム
壁から柱の半分ほどが突き出た円柱(コラム)。

バシリカ式
バシリカは古代ローマの長方形平面の会堂。裁判や商業活動などに使われた。これを教会建築に転用したのがバシリカ式聖堂で、身廊の吹き抜け空間の両側に側廊、最奥部にアプスをもつ。

パラッツォ
イタリア語で宮殿あるいは邸館の意。

バロック
建築ではマニエリスムの後にくる様式で、オーダーを動的な構成の中で使いながら、劇的でわかりやすい空間表現が試みられた。イタリアでは17世紀がバロック建築の盛期。

ビザンチン
建築では東ローマ帝国(ビザンツ帝国)の影響下で興った様式をいう。

ピラスター
付柱。壁にレリーフ状につくられた柱。

ファサード
建物の立面で外観上メインとなる面。正面の立面を指す場合が多い。

フォロ
英語ではフォーラム。古代ローマでは公的な場所であり、政治、行政、司法、宗教に加え、経済活動も行われた。

ペディメント
切妻屋根で屋根と水平材に囲まれた三角形の壁部分をいう。弓形のものもある。エディキュラの上部などでも使われる。

ポーチ
玄関前の屋根のある入口。車寄せともいう。

マニエリスム
イタリア語のマニエラ(手法・技巧)に由来し、後期のルネサンス美術を指す。建築では、オーダーを分解したり組み合わせるなどしてルネサンス期の調和の取れたスタイルを崩した表現をいう。

ランタン
ドーム屋根の上に載せられたもので、頂塔ともいう。採光の役目ももつ。

リブ
板材を構造的に補強するために取り付ける材のこと。板材に対して直角の角度で付けられる。

ルネサンス
ルネサンスはフランス語で「再生」の意。建築様式としては15世紀初頭にフィレンツェで興り、古代ローマを模範とし、「調和」や「比例」を重んじた。

ロッジア
吹放しの柱廊。

Index
［索引］

あ

アウグストゥス帝の廟	P.089
アウグストゥスのフォロ	P.034
アラ・パチス	P.090
アルテンプス宮	P.062
アレア・サクラ	P.069
イタリア文明宮	P.135
イル・ジェズ聖堂	P.052
ヴァチカン美術館	P.100
ヴィットリオ・エマヌエーレ2世記念堂	P.035
ヴィラ・アドリアーナ	P.145
ヴィラ・ジュリア	P.084
ヴィラ・デステ	P.153
ヴィラ・ファルネジーナ	P.107
ヴェネツィア宮殿	P.070
EURの会議場	P.134
オーディトリウム・パルコ・デッラ・ムジカ	P.142

か

カエサルのフォロ	P.033
カプチン派修道会博物館	P.080
カラカッラ浴場	P.124
カンチェッレリア宮	P.068
カンピドリオ広場	P.036
共和国広場	P.075
国立近代美術館	P.083
国立21世紀美術館	P.140
コロッセオ	P.118
コロンナ広場	P.061
コンスタンティヌスの凱旋門	P.026

さ

最高裁判所	P.101
サン・カルロ・アッレ・クアットロ・フォンターネ聖堂	P.042
サン・クレメンテ聖堂	P.121
サン・ジョヴァンニ・イン・ラテラーノ大聖堂	P.122
サン・ジョルジョ・イン・ヴェラブロ聖堂	P.039
サン・セバスティアーノ聖堂	P.139
サン・パオロ・フオーリ・レ・ムーラ大聖堂	P.136
サン・ピエトロ大聖堂	P.094
サン・ピエトロ・イン・ヴィンコリ聖堂	P.039
サン・ピエトロ・イン・モントーリオ聖堂 テンピエット	P.106
サン・フィリッポ・ネリのオラトリオ	P.068
サン・フランチェスコ・ダッシージ・ア・リーパ聖堂	P.109
サン・ルイージ・デイ・フランチェージ聖堂	P.063
サン・ロレンツォ・フオーリ・レ・ムーラ聖堂	P.126
サンタ・クローチェ・イン・ジェルザレンメ聖堂	P.128
サンタ・コスタンツァ聖堂	P.138
サンタ・サビーナ聖堂	P.109
サンタ・スザンナ聖堂	P.077
サンタ・チェチーリア・イン・トラステヴェレ聖堂	P.110
サンタ・プラッセーデ聖堂	P.047
サンタ・マリア・イン・アラチェリ聖堂	P.038
サンタ・マリア・イン・ヴィア聖堂	P.041
サンタ・マリア・イン・カンピテッリ聖堂	P.113
サンタ・マリア・イン・コスメディン聖堂	P.111
サンタ・マリア・イン・トラステヴェレ聖堂	P.108
サンタ・マリア・ソプラ・ミネルヴァ聖堂	P.059

Index

[索引]

サンタ・マリア・デッラ・ヴィットリア聖堂 —— P.078
サンタ・マリア・デッラ・パーチェ聖堂 —— P.064
サンタ・マリア・デッリ・アンジェリ聖堂 —— P.074
サンタ・マリア・デル・ポポロ聖堂 —— P.086
サンタ・マリア・マッジョーレ大聖堂 —— P.046
サンタゴスティーノ聖堂 —— P.060
サンタニェーゼ・フオーリ・レ・ムーラ聖堂 —— P.139
サンタンジェロ城 —— P.101
サンタンドレア・アル・クィリナーレ聖堂 —— P.044
サンタンドレア・デッラ・ヴァッレ聖堂 —— P.069
サンタンドレア・デッレ・フラッテ聖堂 —— P.080
サンティ・ヴィチェンツォ・エ・アナスターシオ聖堂 —— P.041
サンティ・クアットロ・コロナーティ聖堂 —— P.120
サンティーヴォ・アッラ・サピエンツァ聖堂 —— P.063
サンティニャーツィオ聖堂 —— P.054
スカラ・サンタ —— P.121
スパーダ宮 —— P.114
スペイン広場 —— P.088

た

ツッカリ自邸 —— P.081
ディオクレティアヌスの浴場跡 —— P.075
テルミニ駅 —— P.045
ドーリア・パンフィーリ宮 —— P.070
トラヤヌスの市場 —— P.032
トラヤヌスの記念柱 —— P.033
トレヴィの泉 —— P.040

な

ナヴォーナ広場 —— P.066

は

パオラの泉 —— P.107
ハドリアヌス神殿跡 —— P.059
パラッツェット・デッロ・スポルト —— P.141
パラティーノの丘 —— P.023
バルベリーニ宮 —— P.079
バルベリーニ広場 —— P.079
パンテオン —— P.056
ピア門 —— P.076
ピンチョの丘 —— P.087
ファルネーゼ宮 —— P.114
フォロ・ロマーノ —— P.010
プロパガンダ・フィーデ伝道博物館 —— P.081
ヘラクレスの神殿 —— P.111
ポポロ広場 —— P.087
ボルゲーゼ公園 —— P.082
ポルトゥヌスの神殿 —— P.113

ま

マッシモ・アッレ・コロンネ宮 —— P.065
マルケルス劇場 —— P.112
ミンニャネッリ広場 —— P.089
モーゼの噴水 —— P.077
モンテチトーリオ宮 —— P.061

内野正樹｜うちのまさき｜1960年、静岡県生まれ

建築および映画・思想・文学・芸術などのジャンルの編集・執筆のほか、写真撮影も行う。
雑誌『建築文化』で、ル・コルビュジエ、ミースら巨匠の全冊特集を企画・編集するほか、
「映画100年の誘惑」「パリ、ふたたび」「ヴァルター・ベンヤミンと建築・都市」などの特集も手がける。
同誌編集長を経て雑誌『DETAIL JAPAN』を創刊。現在、ecrimageを主宰。
著書に『パリ建築散歩』(大和書房)のほか、『一流建築家のデザインとその現場』(共著、ソシム)
『表参道を歩いてわかる現代建築』(共著、大和書房)。

大人の「ローマ散歩」

2016年9月1日 第1刷発行

著者
内野正樹

発行者
佐藤靖

発行所
大和書房
東京都文京区関口1-33-4｜電話03-3203-4511

ブックデザイン
刈谷悠三＋角田奈央/neucitora

写真
内野正樹

校正
円水社

印刷所
歩プロセス

製本所
ナショナル製本

©2016 Masaki Uchino, Printed in Japan
ISBN978-4-479-39294-1
乱丁本・落丁本はお取り替えいたします
http://www.daiwashobo.co.jp/